EL DUELO EN MEDIO DE LA PANDEMIA

Una guía para elaborarlo

GINA TARDITI

Reservados todos los derechos. No se permite la reproducción total o parcial de esta obra, ni su incorporación a un sistema informático, ni su transmisión en cualquier forma o por cualquier medio (electrónico, mecánico, fotocopia, grabación u otros) sin autorización previa y por escrito de los titulares del copyright. La infracción de dichos derechos puede constituir un delito contra la propiedad intelectual.

El contenido de esta obra es responsabilidad del autor y no refleja necesariamente las opiniones de la casa editora. Todas las imágenes fueron proporcionadas por el autor, quien es el único responsable sobre los derechos de las mismas.

Publicado por Ibukku
www.ibukku.com
Diseño y maquetación: Índigo Estudio Gráfico
Copyright © 2020 Gina Tarditi
ISBN Paperback: 978-1-64086-574-7
ISBN eBook: 978-1-64086-575-4

Índice

INTRODUCCIÓN	7
I EL DUELO	11
II CARTAS Y CANICAS MX®	31
II.1 LAS EMOCIONES	34
II.2 LAS HERRAMIENTAS	56
II.3 PROCESO DE RECONSTRUCCIÓN A TRAVÉS DE COMPROMISOS	66
III A MANERA DE CIERRE	77
APÉNDICE	79
BIBLIOGRAFÍA	81

La pandemia nos enfrentó con un mundo incierto,
como siempre lo había sido, pero esta vez no pudimos arreglárnoslas
para pasar de lado, intentando no darnos por apercibidos.
Todo lo que dábamos por sentado quedó trastocado;
hoy tenemos hacia delante
la tarea de asumir todo lo perdido y rescatar lecciones y aprendizajes
que nos permitan volver a caminar confiados hacia delante.

Dedicado a todos los héroes; los visibles y los anónimos.

INTRODUCCIÓN

Al nacer nos encontramos en un mundo que involucra innumerables amenazas para nuestra sobrevivencia; tanto es así, que no podríamos enfrentarlas si no fuera por nuestra madre o quien funja como tal. Somos, en las primeras etapas de nuestra vida absolutamente indefensos y necesitamos de alguien más para cubrir las necesidades básicas de alimentación, higiene y cuidado.

Conforme crecemos vamos creando nuestra propia cosmovisión y si tuvimos la fortuna de desarrollarnos en ambientes suficientemente funcionales, ésta nos permite vivir sin sentir o pensar en los innumerables peligros a los que estamos expuestos en el día a día. Confiamos en que la vida es siempre predecible, al menos para nosotros. Nos decimos frases como *lo malo les pasa a otros, no a mí*. Nos convencemos de que el mundo es bueno, cierto y seguro. Salimos de casa cada día pensando no solo que regresaremos a ella a la hora convenida, si no que en nuestras manos llevamos la vida de todos los seres que amamos; literalmente, asumimos que todo está bajo nuestro control. Por ello, cuando algo inesperado y negativo a nuestros ojos sucede, nuestros supuestos se colapsan. A la ya de por sí difícil crisis que podamos estar viviendo, sea por enfermedad, muerte o alguna otra pérdida importante, se agrega la abrumadora sensación de vulnerabilidad; todo aquello que habíamos creído y en lo que apostábamos como verdades absolutas se ha desmoronado. Es precisamente en esos momentos cuando hemos de hacer acopio de todos nuestros recursos para poder rescatarnos a nosotros mismos y volver a confiar en un mundo que aunque ahora sabemos no siempre es cierto, bueno y seguro, sí ilusiona seguir hacia delante confiando en que aquello que suceda no podrá destruirnos porque hemos descubierto que podemos reinventarnos, hemos identificado nuestros talentos, que se vuelven grandes herramientas para afrontar las dificultades de la vida y hemos aprendido, en el mejor de los casos, que la vida siempre vale la pena y que a pesar del dolor, se pueden encontrar nuevos sentidos y propósitos que nos impulsen a seguir hacia delante.

En siglos pasados donde las enfermedades, las calamidades y la muerte estaban tan cerca, las personas las asumían de otra manera, entendían que no podrían huir o fingir que no existían. Sin embargo, para explicarlas creaban mitos y buscaban responsables; los culpables solían ser espíritus del mal o personas que por diferentes, eran estigmatizadas. Así, cuando surgieron enfermedades como la lepra, la sífilis, el sida y otras muchas se señalaron como culpables a distintas razas, nacionalidades o estratos sociales. Hoy podría parecernos absurdo pero debemos estar atentos para que nadie estigmatice a alguna nación o grupo racial por la pandemia de gran dimensión que nos ha tocado presenciar por primera vez a todos quienes hoy habitamos el globo terrestre.

Es increíble que por un lado nos haya tocado vivir en una época donde se cuenta con tantos avances médicos y tecnológicos que han hecho posible alertar al mundo casi en tiempo real lo que se avecinaba como una terrible amenaza, prepararse para ella (a pesar del retraso o ineficiencia que pudo darse en algunos países) y controlar o disminuir las consecuencias antes inevitables y aún más devastadoras de las que hemos atestiguado de una pandemia. Por el otro lado, sin embargo, este *cisne negro* (como se le denomina a aquel evento tanto inesperado como improbable) nos ha sacudido a todos, mostrándonos cuán frágil puede ser la raza humana; enfrentarnos a nuestra vulnerabilidad puede ser el inicio de una nueva era donde lo mejor de nosotros aflore y donde finalmente comprendamos que jugar a ser Dios no solo resulta absurdo si no que no merece la pena;

que reflexionemos sobre los proyectos en los que se invierten cantidades asombrosas en el desarrollo de tecnología con el propósito de alcanzar la amortalidad, que son, a mi parecer, movimientos arrogantes que desvían recursos que bien podrían ser invertidos en sacar de la pobreza a los millones de personas que viven en condiciones infrahumanas, en mejorar los sistemas de salud de los países, reconociendo las debilidades claramente evidenciadas y en encontrar un nuevo equilibrio donde todos podamos vivir dignamente y desplegar nuestros potenciales.

El libro inicia explicando brevemente el duelo como un proceso de adaptación ante una pérdida importante, así como los mitos que lo rodean y los factores que pueden o no obstaculizar su elaboración. En seguida les presento el programa *Cartas y Canicas MX* (desarrollado en el 2016 con la intención de trabajarlo en talleres grupales), una guía sencilla para elaborar el duelo a través de ejercicios que pueden ser realizados individualmente o en pequeños grupos, con familia o amigos. Básicamente el programa está compuesto de tres dinámicas: la primera, para trabajar emociones; la segunda, para identificar las herramientas (talentos o dones) y la tercera, los compromisos o tareas que cada uno ha de emprender como parte de su proceso de reconstrucción, en busca de un nuevo equilibrio, de acuerdo a sus ritmos y personalidades. Cada una de estas tres dinámicas está ejemplificada para facilitar su aplicación práctica.

Comparto este trabajo con quienes estén viviendo una pérdida o cambio importante en su vida y en especial, para aquellos que se encuentran en proceso de duelo producto de la pandemia y que muy probablemente esté acompañado de factores que lo hacen más difícil de lo que naturalmente es, ya sea por la fragilidad psicoemocional de los dolientes por lo vivido en este contexto inesperado, por el aislamiento social que, aunque necesario e inevitable, pudo haberles robado la oportunidad de estar al lado del ser querido en la manera en que lo hubieran deseado; es posible que hayan quedado espacios vacíos con frases no dichas, con abrazos y besos reprimidos, con rituales alterados o ausentes.

Para los profesionales de la salud, que estuvieron al frente de la primera línea en todo momento exponiendo su propia integridad, atestiguando día a día los grandes misterios de la vida y muchas veces también, las grandes miserias de la humanidad y sin siquiera poder darse tiempo para lidiar con sus propias emociones.

Para todos los cuerpos de seguridad, empleados de autoservicios, farmacias y todas aquellas personas cuyos empleos fueron considerados esenciales y que a pesar de sus miedos salieron de sus casas cada día para ayudarnos a todos a cumplir con las instrucciones de distanciamiento social.

Mi más profundo deseo porque encuentren en estas páginas algo de sosiego para afrontar de la mejor forma posible su duelo pero sobre todo, para que encuentren o fortalezcan la esperanza en lo que creo firmemente: los seres humanos nos doblamos ante el dolor, pero no nos rompemos. Somos capaces de recomponernos e incluso salir fortalecidos de las crisis.

I EL DUELO

El duelo es, por un lado, la reacción natural ante una pérdida importante de salud, por muerte, por un accidente y por muchas otras causas, incluyendo desde luego la pérdida de la seguridad física, emocional o económica, sea real o imaginaria. Cada pérdida impacta directamente sobre todas y cada una de las dimensiones del ser humano –biopsicosocial y espiritual– y en proporción directa al significado de lo que se ha perdido.

El duelo es o debe ser un proceso activo; es decir, ante la reacción desencadenada de forma automática –y adaptativa–, el doliente debe echar a andar distintos mecanismos que le permitirán adaptarse a la situación que enfrenta. Es también un proceso dinámico, ya que debe estar encaminado a restablecer el equilibrio perdido. Nunca se regresa al punto donde se estaba, pero es posible reconstruir lo que suelo llamar *nuestro pequeño mundo* y resignificar la pérdida de tal forma que se pueda encontrar un nuevo balance.

Por lo anterior defino duelo como "la reacción natural y comúnmente disruptiva, que se produce ante la noticia de la muerte –o alguna otra pérdida importante– y, que desencadena un proceso activo, dinámico, multifacético y multidimensional, encaminado a recobrar el equilibrio perdido, reconstruyendo, necesariamente, *el pequeño mundo del doliente*".

Desde luego que cada persona es única siempre y en cualquier circunstancia, de tal suerte que cada uno habrá de encontrar su propia fórmula para recomponerse; cada uno decidirá cómo vivir su duelo y tendrá un ritmo y maneras distintas. Por lo anterior, resulta fundamental respetarnos en las diferencias sin imponer un estilo único que resultaría inútil y desgastante para quien sufre y para quien está cerca.

Suelo decir en mis talleres que lo único que un doliente no se debe permitir es permanecer con los brazos cruzados esperando que las cosas mejoren solo porque lo desea. Es necesario ponerse en movimiento, tan conscientemente como sea posible y sin falsas expectativas. A pesar de que el proceso de duelo difiere de persona a persona existen ciertos elementos comunes para la mayoría que nos puede hacer comprenderlo un poco mejor. A continuación les muestro lo que podría ser un Itinerario de duelo normal:

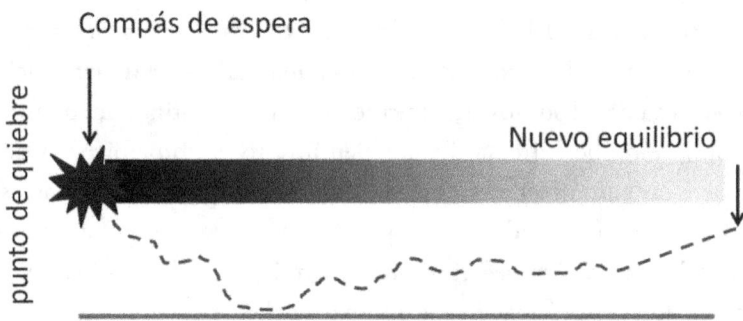

Al momento de conocerse la pérdida, sea de salud o muerte o en el caso de la pandemia, de la seguridad física y emocional, del trabajo, de la normalidad con la que se vivía hasta antes de ese momento, se da inevitablemente un punto de quiebre acompañado de un compás de espera –representado por la flecha del lado izquierdo– que se ha identificado como negación, choque, aturdimiento, sensación de que lo que está sucediendo no es real y que tiene la función de preparar al doliente para que sea capaz de enfrentar el evento. Esta respuesta la encontramos aun en aquellos que esperaban un determinado desenlace, como en el caso de los fallecimientos; es y hay que decirlo claramente, un momento de tensión inevitable. Hay quienes creen que la muerte por enfermedad previene a los sobrevivientes de esta primera reacción puesto que han tenido tiempo para vivir lo que llamamos duelo anticipatorio. Sin embargo, no basta saber que la muerte se acerca, cuando llega golpea aunque en ocasiones, con menor rigor. Además, en los casos de muerte por COVID-19 el tiempo de preparación es muchas veces inexistente o insuficiente y peor todavía, imposibilita a los seres queridos para acompañar a su familiar en la forma que se desea y necesita.

En un segundo momento se inicia propiamente el itinerario del duelo, caracterizado por una serie de reacciones que se acompañan de distintos pensamientos, sensaciones y acciones, de muy diversa índole y magnitud y que varían también en su forma de expresarse. Cada persona tendrá que atender y responder a una serie de inquietudes y modificaciones que se irán haciendo patentes y necesarias a lo largo del proceso tanto a nivel físico como emocional, cognitivo, conductual, social y espiritual. Es bueno aclarar también que el encontrarse en duelo no significa que la persona se esté doliendo de manera ininterrumpida. Por ello la magnitud cambia, se habla de vaivenes o de olas. Existen periodos donde, aparentemente, la persona se encuentra bien, tranquila e incluso retomando su vida y otros en que pareciera que el desequilibrio provocado por la pérdida no da tregua. Incluso, años después del evento seguirá habiendo momentos especialmente nostálgicos, como los aniversarios y fechas importantes, lo cual no significa que la persona no haya resuelto adecuadamente su pérdida; al menos, no necesariamente.

Más adelante abordaremos el cómo debemos entender la elaboración y evolución del duelo. Por ahora lo importante es señalar que prácticamente nadie se duele permanentemente. Para muchos, es un camino tortuoso y tremendamente desgastante, tanto física, como emocional y espiritualmente. Por ello, la naturaleza es sabia y nos permite retomar energía para sobrevivir y continuar e incluso, salir fortalecidos de la experiencia. El rectángulo superior con distintas tonalidades simboliza la amplia gama de emociones que suelen presentarse durante el duelo, las cuales, idealmente, deberán ser gestionadas sanamente a medida que el doliente las reconoce y es capaz de aceptarlas y elaborarlas. Al extremo derecho del diagrama está una flecha que marca un nuevo equilibrio que nos indica que llega un momento, dentro del itinerario del duelo normal, en que se ha retomado la vida con un nuevo acomodo. No se olvida lo sucedido; la ausencia —del ser querido o el recuerdo de los momentos de desasosiego y aislamiento— siempre pesará, por eso se mantiene una nube, aunque mucho menos densa. En realidad, el duelo no termina nunca porque lo perdido es irrecuperable en la mayoría de los casos, pero es a través del trabajo consciente y decidido que cada doliente realiza durante el proceso lo que finalmente le permitirá continuar con su propia biografía, donde generalmente logra integrar pérdidas con ganancias como por ejemplo, conocerse y reconocerse capaz de levantarse después de la tormenta. La trama de su vida tuvo que ser replanteada; los supuestos que hasta entonces sostenían su historia personal fueron cuestionados y sufrieron modificaciones; algunos personajes cambiaron de roles, adquirieron nuevas y distintas responsabilidades y quizá, habilidades; tal vez existan ahora nuevos personajes que enriquecerán el contenido de ahora en adelante y se ha retomado un sentido de coherencia entre el pasado-presente e idealmente, se ha vuelto a confiar en un mundo que aunque no ofrece certezas absolutas, motiva e impulsa a seguir caminando hacia delante.

Como mencioné antes, cada persona elaborará su duelo a su ritmo y de acuerdo a su personalidad, filosofía de vida, edad y circunstancias. Vale la pena subrayar que cuando toda una familia se encuentra en duelo la crisis es de todos y la comunicación se vuelve aún más importante. El respeto al estilo personal de dolerse debe estar presente, así como la empatía para comprender que cada quien ha perdido a alguien o algo diferente. Si, por ejemplo, falleció Manuel, padre de dos hijos, de nombres Arturo y José, podríamos inferir que su pérdida es idéntica sin embargo, nos equivocaríamos porque cada uno seguramente tenía una relación única con el padre; quizá igual de sana y nutricia, pero distinta siempre; así que más bien tendríamos que afirmar que son dos los padres que han muerto, el de Arturo y el de José. Quizá el de Arturo era además de padre, cómplice y confidente; tal vez el de José era padre, protector y proveedor. Podríamos pensar en otro ejemplo: una pareja de médicos, María y Antonio, ambos infectólogos que estuvieron en la primera línea atendiendo pacientes graves y sus experiencias aunque similares, no fueron exactamente iguales porque los lentes a través de los cuales cada uno ve e interpreta la realidad no son los mismos. Lo que vivió cada uno es singular; no más, pero tampoco menos. Así que entender que no hay dos experiencias exactamente iguales puede ayudarnos a ser más empáticos con los demás y finalmente comprender que cuando todos se duelen en una misma familia, cada uno tendrá que transitar un laberinto particular y confiar en reencontrarse al final de él seguramente con una nueva visión del mundo, pero con la esperanza de retomar la vida hacia delante, con nuevos aprendizajes e idealmente, para vivirla a plenitud.

Se habla de que el proceso de duelo está compuesto de etapas, fases o tareas. Prefiero estas últimas porque me parecen más realistas y aluden al compromiso individual de reconstruirse. William Worden nos habla de que la primera tarea consiste en aceptar racional y afectivamente lo que se ha perdido. Mientras uno se encuentre mentalmente sano la aceptación a nivel racional se da inmediatamente después de los primeros momentos del choque brutal con la realidad, pero aceptar emocionalmente es otra cosa muy distinta. Puede llevar días, semanas y a veces, meses para que este conocimiento baje de nuestro cerebro a nuestro corazón. Nos podemos percatar de que afectivamente no hemos aceptado porque pensamos casi obsesivamente en lo sucedido; sentimos la imperiosa necesidad de reconstruir los hechos, de cambiarlos; por instantes nos encontramos pensando en llamar a la persona fallecida, dándonos cuenta en forma inmediata que no es posible, que de verdad murió. Vienen a nosotros las preguntas contrafactuales: y si hubiera... y si no hubiera ido... que no tienen respuesta, pero que en los primeros momentos son prácticamente inevitables. Dejamos su lugar en la mesa aunque sepamos que no lo volverá a ocupar. Nos despertamos a la hora de darle sus medicamentos; llegamos a casa pensando en que lo encontraremos como de costumbre en su habitación. Por difícil que parezca, poco a poco se va aceptando la realidad de los hechos; el hacerlo permite ir acomodando la realidad en nuestra experiencia de vida. Nadie está preparado para perder a un ser querido nunca, tampoco para vivir un distanciamiento social tan prolongado o vivenciar el desastre humanitario que la pandemia generó.

La segunda tarea tiene que ver con procesar el dolor a través del reconocimiento y gestión de todas y cada una de las emociones, a veces contradictorias y siempre cambiantes y que suelen ser intensas en momentos de crisis. Validar y normalizar lo que sentimos a cada momento del proceso permitirá que podamos comprender, asumir y elegir cómo responder ante cada uno de esos sentimientos, emociones y pensamientos.

La tercera tarea es adaptarse a la nueva realidad en un mundo que necesariamente ha cambiado pero donde se logra vislumbrar nuevas posibilidades, retos y motivos para continuar. Para muchos, inicialmente, pensar en que el mundo volverá a girar y tener sentido suena absolutamente absurdo o nimio. Sin embargo, la historia nos confirma una y otra vez que la raza humana es eminentemente resiliente, que sin importar cuán difíciles puedan ser las circunstancias, cada ser humano es mucho más que ellas, siempre. Por ello, trabajar desde un inicio en la confianza en las capacidades de cada uno para recomponerse, aunque no se sepa cómo, resulta fundamental. A medida que el proceso avanza se descubren los caminos que existen hacia delante.

La última tarea es recolocar lo perdido en nuestra historia de vida de tal forma que aunque no se olvida —por ejemplo al ser querido fallecido, a los pacientes que nos dejaron enseñanzas de fortaleza, las muestras de solidaridad de desconocidos que nos ofrecieron su mano, los momentos de infinita incertidumbre, la vida tal cual era, etcétera–, se puede reaprender a caminar con seguridad y confianza, honrando y celebrando a quienes siguen formando parte de nuestra biografía aunque no estén con nosotros físicamente y reconociendo todo lo que en medio del caos pudo dejarnos una enseñanza para el futuro.

FACTORES QUE INFLUYEN EN EL MANEJO DEL DUELO

Si bien es cierto y lo hemos dicho, el proceso nunca es fácil también es verdad que distintos factores pueden hacerlo más o menos complicado. De entre los más importantes se encuentran:

Filosofía de vida. Cada persona responde distinto ante los grandes misterios: ¿Qué sentido tiene la vida? ¿Qué sentido tiene la enfermedad o muerte? ¿Por qué existe el sufrimiento? ¿Cómo acepta la incertidumbre en su vida? Qué hace inaceptable el dolor y muerte de alguien, ¿La edad? ¿Las circunstancias? ¿La causa? La espiritualidad —muchas veces acompañada de una fe religiosa, más no necesariamente— influye en la forma en que cada uno responde a los grandes cuestionamientos.

Edad. Se piensa que los niños y los adultos mayores, así como las personas con capacidades diferentes presentan con más frecuencia duelos complicados. Sin embargo, el impacto puede ser atemperado con el apoyo de una familia que contiene, que brinda cobijo, seguridad física y emocional, que los hace sentir amados y aceptados, que brinda información adecuada a cada persona y en cada momento y responde a sus dudas e inquietudes y acepta la expresión emocional.

Red social. Todos los seres humanos somos sociales y en este sentido necesitamos contar con una red, generalmente formada por la familia más cercana pero también en muchos casos por algunos miembros de la familia extendida o amigos que se vuelven familia. Una red que acompañe, que respete los momentos de incertidumbre, desazón o desvalimiento; que no juzgue ni etiquete. En estos momentos redes completas se encuentran lastimadas profundamente y se hace necesario más que nunca ser solidarios en el dolor, generosos para aceptar las contradicciones o las dificultades que cada uno muestre en el proceso de duelo y al mismo tiempo, reconocer los límites de cada uno para lidiar con el propio dolor sin *dejarse ir* con el dolor del otro.

Estilo de apego o vinculación. Es la forma en que cada persona se relaciona y que se forma desde muy temprano en la vida y suele repetirse en las distintas etapas a medida que crecemos, de forma constante. Así que quienes se vinculan de una manera segura suelen estar en mejor posición para enfrentar las pérdidas mientras que, quienes tengan un estilo de vincularse inseguro o ansioso tienen un riesgo mayor de enfrentar un duelo complicado.

¿Qué se ha perdido? Cuando se pierde un ser querido se fractura la red de apoyo y la disrupción será tan grande como el tipo de relación que se tenía y los roles que cumplía. Es decir, además de ser el hermano, era quizá ¿amigo y cómplice? O tal vez la esposa, era también ¿confidente, amante, cocinera y la que siempre estaba ahí, para acompañar? En el contexto de la pandemia, quizá no se ha perdido un ser querido pero si la normalidad y la seguridad con la que creíamos vivir. Asimismo, el duelo puede estar compuesto de otras pérdidas concomitantes como problemas de salud, situación económica comprometida, inseguridad física o emocional, violencia intrafamiliar, etcétera.

Otros factores de estrés. Antes del distanciamiento social impuesto por la pandemia la vida de todos y cada uno tenía sus propias complejidades. Lo que estaba viviendo cada persona y cada sistema familiar en ese momento no desapareció porque haya llegado otro estresor inesperado si no que, por el contrario, es altamente probable que los problemas preexistentes se hayan intensificado haciendo su manejo más difícil.

Muerte anunciada o sorpresiva. Aunque la muerte siempre nos estremece, cuando se tiene el tiempo suficiente para ir asumiendo poco a poco su inevitabilidad, como en el caso de un enfermo con cáncer avanzado, puede y muchos veces logra que el impacto sea menor. En el caso de la pandemia hemos visto la tragedia que representa morir solo, en completo aislamiento, sin que los seres queridos puedan acompañar. Las despedidas, las últimas recomendaciones, los perdones, los rituales, los besos y los abrazos están ausentes y todo esto ha generado un sufrimiento adicional que hay que reconocer y validar y desde luego, trabajar para poder seguir hacia delante.

Circunstancias del fallecimiento. La pandemia también arrancó a pacientes y familiares de la posibilidad de acompañamiento y cuidado. Los enfermos han muerto alejados de sus seres queridos; las familias han tenido que vivir la angustia de no estar, no conocer todos los detalles, no poder abrazar, besar, alimentar y comunicar todo aquello que en esos momentos hubieran deseado hacerle saber al padre, la madre o el hijo que irremediablemente estaba muriendo lejos y solo. Está bien documentado que cuando estos últimos momentos se viven de acuerdo a las necesidades y creencias de cada sistema familiar favorece procesos de duelo saludables. Este puede ser un factor que juegue en contra y será bueno tenerlo en cuenta y entender que como otros factores dependerá de la interacción con los distintos recursos con los que cuente cada persona para lograr, con esfuerzo y decisión, adaptarse a la situación y encontrar la mejor forma de cubrir estas necesidades que quedaron desnudas en medio de la tragedia.

Emociones dominantes. Los seres humanos somos también seres emocionales. No las hemos inventado, nacimos con ellas y tienen una función que cumplir. Sin embargo, muchas veces nos resistimos a aceptarlas porque se nos ha dicho una y otra vez que algunas de ellas son negativas, nos hacen daño o nos hacen malas personas. Sin embargo, ahí están y si las reconocemos como propias podremos decidir qué hacer con ellas. En un día normal cambiamos todos de emociones; en una situación de crisis, las emociones están a flor de piel, suelen intensificarse, son cambiantes y a veces, contradictorias. Si bien hemos insistido en que todas tienen una función hay que decir también, que cuando el enojo y la culpa se salen de control, dominando la experiencia, *secuestran* al doliente y pueden convertirse en un problema que lo lleve a un duelo complicado.

Capacidad de resiliencia. Finalmente, la capacidad de resiliencia definida por Frederic Flack como "Las fortalezas psicológicas y biológicas que se requieren para sobreponerse al cambio" es una habilidad presente en la mayoría de los seres humanos que, además, puede desarrollarse y fortalecerse y es la que permite a la persona confiar en que el dolor pasará, si actúa para lograrlo; acepta la pena, entiende la inevitabilidad de los hechos, es tolerante y flexible; se sabe falible y es capaz de pedir apoyo cuando lo requiere; posee la suficiente autoestima para enfrentar los retos; es constante y proactivo y se esfuerza en reencontrar un nuevo equilibrio. Mantiene la esperanza y muchas veces es incluso capaz de encontrar ganancias en medio del caos.

Hasta aquí un somero recuento de algunos de los factores que harán más o menos complicado el trayecto del duelo. Es importante que cada lector se pregunte en su caso único y particular cuáles de estos factores pueden y de hecho actúan en favor de su proceso de duelo para recomponerse y cuáles pueden obstaculizar su proceso de reconstrucción y sobre todo, qué puede modificar de aquello que no le ayuda. Por ejemplo, en el tema de las emociones puede aprender a gestionarlas de mejor manera o puede fortalecer su capacidad de resiliencia, mientras que nada puede hacer para modificar la edad o circunstancias de las pérdidas sufridas. Concentrar la energía en lo que sí es posible controlar o modificar brinda el estímulo y la confianza para seguir trabajando en asumir y adaptarse saludablemente a las nuevas circunstancias.

Quiero aquí reconocer lo difícil que puede resultar para los profesionales de la salud y en general a todos los que, por su trabajo estuvieron cerca de los miles y miles de personas enfermas y de sus familias, lidiar ahora con todas esas imágenes de profundo sufrimiento, de interminables horas de trabajo, de momentos de insuperable sensación de impotencia o desvalimiento; de quizás, momentos de una enorme frustración por desear hacer más de lo que humanamente era posible y no tener el tiempo y el espacio para poder dar rienda suelta a su propio dolor, indignación y asombro ante un evento que nos rebasó a todos, de una manera u otra. A los médicos que tienen como vocación salvar vidas, a aquellos que nadie había preparado para enfrentar la muerte de una forma tan brutal; a los enfermeros, que permanecieron ahí intentando dar consuelo sin poder recibir algo de sosiego para continuar día con día. A todos ellos me gustaría decirles que si bien no puedo estar en su lugar, sí puedo intentar acercarme lo suficiente para poder tener alguna idea de cómo se han sentido y decirles que también ustedes podrán con sus propias herramientas procesar su duelo y mi deseo genuino para que no dejen de confiar en que lo que hacen marca una diferencia que celebramos todos y, al mismo tiempo, mi esperanza en que de aquí en adelante nos tomemos más en serio la necesidad de prepararlos y prepararnos para aceptar, como he dicho antes, los grandes misterios de la vida porque la enfermedad y muerte no deben, desde mi punto de vista, verse como fracasos si no como consecuencia natural de la vida y acercarnos más todos como sociedad para vivir en el presente intensamente sabiendo que los *cisnes negros* sí existen y prepararnos en todo aquello que sea posible, pero sobre todo, aprender a confiar en nuestra capacidad tan humana de levantarnos una y otra vez ante la adversidad.

Vale la pena también mencionar que vivimos una época donde rehuimos voltear a ver el dolor, la enfermedad, la muerte y todo lo que en general nos asusta. Es hora de abrir la comunicación en familia sobre lo que cada uno desearía en caso de tener una enfermedad seria que amenace la vida o un accidente o urgencia médica. Qué consideramos aceptable, qué tratamientos o procedimientos no quisiéramos al final de la vida; dónde, si pudiéramos elegir, nos gustaría morir; a quiénes quisiéramos tener cerca si tuviéramos opción; asimismo, hablar sobre testamento y voluntad anticipada, dónde se guardan los papeles importantes y tantas conversaciones que evitamos o postergamos porque nos producen ansiedad, temor o porque pensamos que al hacerlo estamos atrayendo las cosas negativas; sin embargo en mi experiencia lo que sucede después de tener estas pláticas en familia es una sensación de alivio y permite vivir de manera más libre y a nuestro aire porque lo poco que podemos prever ya lo hemos hecho.

Buscamos la felicidad como si esta estuviera fuera y pudiera ser eterna. Al hacerlo nos perdemos de la posibilidad de enriquecer la vida sabiendo que los opuestos son parte de ella y le da mayor valor. Así que no solo no podemos, por mucho que lo intentemos, evitar lo que no queremos ver. Vida/muerte son complementos y no necesariamente opuestos. Hoy tendríamos que replantearnos la forma en que evadimos lo que no nos gusta para vivir en plenitud y también para lograr una sociedad más empática para con aquellos que atraviesan situaciones difíciles. Repensemos sobre los grandes misterios de la vida porque la pandemia nos confrontó a todos con nuestra vulnerabilidad como raza, nos detuvo en seco y nos obligó a responder al reto, cada uno a su manera y con sus circunstancias, pero nadie quedó exento de una dosis de sufrimiento que puede ser dotado de significado y transformarlo en una experiencia que puede llevar, a quien así lo decida, a vivir más consciente y despierto. El mundo y nuestra historia cambió para siempre y cada uno de nosotros habrá de decidir qué hacer con esta experiencia. Elegir entre vivir con miedo por la incertidumbre de un futuro que no ha llegado y no sabemos si llegará o vivir en un presente que aunque imponga retos constantes ofrece también posibilidades ilimitadas. Para lograr una confianza renovada cada quien tendrá que trabajar en sus procesos de duelo y reconocer cuando, por la razón que sea, se necesita apoyo profesional para lograrlo.

MITOS SOBRE EL DUELO

Algunos mitos respecto al duelo representan en no pocas ocasiones, fuente de cargas adicionales que no ayudan a quien se duele y que tendríamos que trabajar para desterrarlos; aquí, algunos de los más frecuentes:

No llores. Por qué no llorar si es para muchos una necesidad que al dejarla liberarse, relaja y ayuda a quien lo hace. Como tampoco, hay que decirlo, tenemos que esperar o forzar que quien no tenga la necesidad de hacerlo porque se piense que podría hacerle daño.

El tiempo cura. Nada más falso; el tiempo no cura nada. En primer lugar el duelo normal no es una enfermedad sino una reacción natural y adaptativa. Lo que alivia y hace sentir mejor al doliente es lo que decide hacer en el tiempo. Quedarse pasivamente esperando que el tiempo mejore todo es infructuoso e irreal.

Échale ganas. Una de las peores frases que suelo escuchar y que descalifica y agrede a quien se duele. Entiendo que la mayoría de las veces esta frase se dice con la mejor de las intenciones y como producto de la ansiedad que provoca en muchos el dolor de alguien querido. Quienes han vivido una pérdida importante en sus vidas saben que el dolor puede ser inicialmente inconmensurable. Se hace lo mínimo posible para sobrevivir porque el abatimiento y el dolor inicial no dan tregua para más. En esos momentos nadie necesita una frase como estas; lo que todo ser humano requiere en esos momentos es un gesto amable y genuino; un *te quiero* o un *aquí estoy*.

Ya no hables de eso. Nuevamente en un afán de disminuir la angustia que genera el sufrimiento de los que están cerca hace que esta frase sea muy socorrida. Sin embargo, el ser humano ante el cambio, el desconcierto, la tragedia, lo inesperado necesita repetir una, cien o mil veces cómo fueron los hechos; qué y cómo pasó lo que pasó, a veces con todos los detalles. Es una de las formas que tenemos para intentar asimilar y acomodar la experiencia en nuestra biografía. La trama original no contemplaba esta experiencia dolorosa y solo integrándola es que se puede continuar hacia delante. La experiencia, pues, no se olvida y en el caso de muerte es posible y deseable celebrar y honrar el paso de aquel que ha muerto, sin que esto evite vivir de nuevo con intención y con pasión.

Hay un tiempo límite para el duelo. El dolor agudo por lo que se ha perdido disminuirá eventualmente, pero quedará una marca, una huella indeleble. El dolor se transforma, se le da sentido y se integra a la historia de cada cual.

DUELO COMPLICADO

Para determinar si alguien está viviendo un duelo complicado tenemos que tomar en cuenta los factores que mencionamos antes y tener presente además que cada persona trae consigo un contexto propio, donde los valores, creencias, ideales, rituales, religión; en una palabra, su propia cultura, la cual le confiere una manera particular de transitar a través de la experiencia de duelo. Los usos y costumbres de un grupo social a otro pueden ser muy diversos; no estamos obligados a entenderlos, pero sí a conocerlos y respetarlos. Sivasailam Thiagarajan dice que: "Los grandes conflictos surgen de las pequeñas diferencias culturales que pasan inadvertidas, no de las más obvias y evidentes". Por consiguiente, en la medida que seamos capaces de conocernos para entendernos y asumirnos tal como somos, y al mismo tiempo intentar mirar al otro desde ahí, desde SU PERSPECTIVA, seguramente tendremos mejores relaciones familiares, sociales y laborales y por supuesto viviríamos en un mundo más tolerante, flexible y armonioso, y podríamos acompañar de mejor manera al que sufre, al que se duele porque ha perdido a un ser querido, o la salud, el empleo, la pareja o cualquier otra pérdida importante.

Rosenblatt ha escrito precisamente sobre la gran diversidad de reacciones de duelo, alrededor del mundo. Habla por ejemplo, de cómo en El Cairo, Egipto, una madre cuyo hijo murió permaneció durante años en estado casi catatónico, conducta que no era considerada patológica, como la habría sido en otras muchas culturas. Menciona también las diferencias entre los afroamericanos y los norteamericanos de origen europeo, siendo los primeros mucho más expresivos que los segundos, durante los funerales. La doctora Robina

Thomas, de la Universidad de Victoria, descendiente directa de los Salish, menciona que para ellos el duelo normal dura cuatro años.

La investigación científica muestra que la inmensa mayoría de las personas en duelo lo viven sin complicaciones y sin acompañamiento terapéutico; sin embargo, un pequeño porcentaje podría necesitarlo. Existen grupos de autoayuda, grupos de apoyo facilitados por algún experto en manejo de duelo, terapia individualizada y tratamiento psiquiátrico acompañado en ocasiones de terapia psicológica.

La última versión del manual diagnóstico y estadístico de trastornos mentales, el DSM V fue presentado en mayo de 2013 y en lo tocante al duelo encontramos que:

El Trastorno complejo de duelo persistente se localiza bajo la sección *Condiciones que requieren de mayor investigación*. Aclara que para que pueda darse este diagnóstico deben haber transcurrido, desde el fallecimiento, al menos 12 meses, en el caso de adultos y 6 meses en el de niños, tiempo en el cual los síntomas son severos y persisten e interfieren en la capacidad del doliente de funcionar adecuadamente. Además, establece que puede coexistir este trastorno con el de depresión mayor, el trastorno de estrés postraumático o el de abuso de substancias.

En realidad, no siempre es sencillo reconocer con certeza cuando alguien está atravesando un duelo complicado. No obstante, los factores de riesgo que se encuentran más relacionados con procesos de duelo complicado son:

- La edad
- El estilo de apego inseguro o ansioso
- Antecedentes de salud mental, tanto personales como familiares

- Las circunstancias de la muerte
- Pérdidas concomitantes
- Pobre o nulo apoyo de la propia red social
- Problemas agregados, económicos o de distinta índole

La mayoría de éstos, desafortunadamente, no son modificables y tampoco prevenibles, lo cual no debe interpretarse como que nada pueda hacerse para apoyar a quienes se enfrentan a ellos.

En el caso muy particular de los niños, se ha visto que la vulnerabilidad está directamente relacionada con el apoyo que reciba de su grupo social. Un ambiente familiar nutricio en donde se sienta amado, protegido y respetado. Cuando un niño enfrenta la muerte de uno de sus padres, el sobreviviente se convierte en un modelo fundamental. Subrayo la importancia de permitir la expresión de las emociones; la relevancia de hablar con la verdad, en forma adecuada a la edad y el desarrollo cognitivo del niño; de ayudarlos a co-construir los recuerdos. De acuerdo a su edad, la comprensión de los hechos varía, así como la capacidad de recordar al ser querido cuando se trata de un fallecimiento. Por eso, ayudarlos a construir recuerdos se vuelve fundamental. Responder a sus dudas, hablar sobre la persona fallecida, guardar para ellos objetos que puedan ayudar a llenar, como suelo decir esas *páginas en blanco* para que sin importar cuán pequeños sean ahora puedan en el tiempo conocer y hablar de aquel ser querido que sin estar, siempre formará parte de su biografía. A medida que crecen y entran en las distintas etapas de su desarrollo tendrán muy probablemente la necesidad de revisar una vez más su experiencia de duelo. Surgirán nuevas inquietudes, preguntas y necesidades. Por eso la comunicación se vuelve muy importante dentro de la red más próxima; los niños deben saber desde el primer momento que sus preguntas encontrarán respuestas claras y verdaderas. Asimismo, es alentador saber que a pesar de su vulnerabilidad se reconoce ampliamente que la resiliencia es una capacidad muy propia de los niños y que ayudándoles a desarrollarla, se les apoya a compensar sus riesgos.

RECUERDE que…

- El duelo no tiene un final porque el propósito no es olvidar lo sucedido o al ser querido fallecido sino acomodar la experiencia en nuestra biografía de tal manera que nos permita seguir viviendo de manera plena. El dolor residual estará ahí siempre y habrá momentos de nostalgia que son absolutamente naturales.
- Durante los primeros meses es normal sentirse cansado y distraído. Las emociones pueden ser intensas y cambiantes. Es importante ayudarse manteniendo hábitos de sueño y alimentación adecuados. Levántese todos los días y arréglese como solía hacerlo, aunque no se tenga pensado hacer nada especial. Evite el alcohol y el tabaco.
- Lo único que no debe hacer es quedarse cruzado de brazos esperando que todo cambie con el tiempo.
- Es usted el único responsable de ponerse en marcha para reconstruir ese *pequeño mundo* muy suyo que se vio trastocado. Faltarán piezas y habrá otras que sean nuevas y que representen nuevos roles, actividades y quizá, personajes.
- Todos nos dolemos diferente y a distinto ritmo. Si siente que nadie le entiende del todo, ¡es cierto! Nadie está en sus zapatos; aún en circunstancias muy similares nuestras reacciones no lo son. Empatía, respeto y una buena comunicación son fundamentales.
- Si hay menores de edad, personas con capacidades diferentes o ancianos involucrados no los aísle. La imaginación vuela más rápido que la verdad. Con información clara, sencilla y adecuada a las circunstancias será la mejor forma de abrir la comunicación en familia y que todos sepan que pueden

- preguntar y expresar lo que sienten y que serán atendidos en sus necesidades.
- Lo más importante es que todos y cada uno de los dolientes se sienta amado y aceptado incondicionalmente, a pesar de sus cambios de humor o inconsistencias.
- Cuando todo un sistema familiar está afectado, cada adulto deberá encontrar sus apoyos, ya sea en amigos o acompañamiento profesional para poder, eventualmente, estar bien para sí mismo y para los demás.
- Es importante llevar a cabo rituales que den sentido y propósito y que estén alineados con las creencias de cada sistema familiar o comunidad. En los casos en que no haya sido posible llevar a cabo las ceremonias o actos tradicionales o acostumbrados es factible llevarlos a cabo a destiempo, aceptando que si bien no es lo que se hubiera deseado es posible reemplazarlos o adecuarlos a las circunstancias y seguir encontrando consuelo y significado en ellos.
- Durante el duelo activo no es prudente tomar decisiones que puedan esperar. En los primeros meses no se está al 100% física, emocional, social y espiritualmente lo que hace riesgoso tomar decisiones trascendentes como cambiar de lugar de residencia, vender un inmueble, casarse, divorciarse o cualquier otra resolución que puede cambiar el rumbo de las personas involucradas.
- La gran mayoría de los seres humanos han vivido sus duelos sin necesidad de más apoyo que el uso de sus propios recursos internos a lo largo de la historia. El cambio y la pérdida son las constantes en la vida. Sin embargo, si cree que no está pudiendo hacerlo solo no dude en buscar ayuda profesional. Esto no es signo de debilidad, sino de fuerza y congruencia para reconocer cuando necesitamos de un empujón para seguir.

II CARTAS Y CANICAS MX®[1]

Este es un programa que desarrollé en el 2016 para trabajar con personas, adolescentes y adultos, que estuvieran enfrentando un duelo, en la modalidad de taller teórico/vivencial y durante cinco sesiones, de tres horas cada una. Los resultados han sido muy favorables, de acuerdo con los propios testimonios de quienes lo han tomado. Hoy, en un intento quizá atrevido les presento en estas páginas los conceptos fundamentales, así como las dinámicas que le dan cuerpo a este programa en el entendido que aun cuando sigo pensando que trabajarlo en grupo y acompañado por un ambiente terapéutico puede ser más productivo y rico, las circunstancias actuales hacen necesario acercar apoyos a todos aquellos que están lejos o que no tienen la disponibilidad de tiempo o simplemente, desean trabajar su duelo en forma individual.

Esta técnica no es adecuada para niños menores de 12 años, personas que se encuentren atravesando por una depresión clínica severa o personas que tengan antecedentes de trastornos psiquiátricos. En aquellos casos de pérdida o trauma complejo podría funcionar como una intervención paralela, más que como única intervención.

Objetivo general: Lograr que el participante integre a su historia de vida la(s) pérdidas o cambios y encuentre un sentido de coherencia, abrazando nuevos significados que le permitan continuar hacia delante con su vida. El énfasis del programa está en ver al duelo como un proceso adaptativo y por tanto, natural e inevitable. Partiendo del hecho de que ante una pérdida o cambio importante la

---
[1] El programa Cartas y Canicas MX está fundamentado teóricamente en los trabajos de William Worden, Margaret Stroebe, Laurie Anne Pearlman y Carl Rogers.

vida de cualquier doliente se ve vulnerada en todos los aspectos, este programa busca ayudar a recuperar el bienestar a través del trabajo personal que cada participante realice en las siguientes áreas:

- Reconocer, aceptar y aprender a modular y gestionar saludablemente las emociones e identificar los pensamientos asociados a ellas.
- Reconocer y fortalecer los recursos internos, así como identificar los externos; de ser necesario, desarrollarlos y fortalecerlos.
- Trabajar en su propia búsqueda de significado y coherencia para encontrar una nueva forma de relacionarse con lo perdido y seguir adelante con un nuevo propósito en la vida.

Esquematizado, el modelo queda de la siguiente manera:

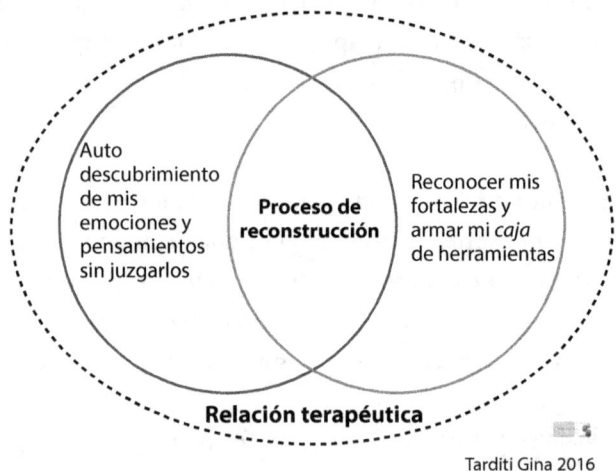

Tarditi Gina 2016

El círculo de la izquierda representa el trabajo que debe hacerse para identificar las emociones, aceptarlas sin juicios y aprender a manejarlas de tal forma que no obstaculicen el proceso del duelo. El círculo de la derecha, por su parte, ilustra el trabajo de reconocer todas aquellas herramientas –recursos internos y/o externos, talentos o dones– que pudiera tener la persona y comprender cómo pueden ayudarle en las actuales circunstancias y en la vida en general, así como fortalecerlas en caso necesario e incluso, desarrollarlas cuando están ausentes. En la intersección de los dos círculos está representado el trabajo que cada uno decida hacer comprometidamente para lograr un nuevo equilibrio en su vida. En realidad, son tareas que se hacen imprescindibles cuando *el pequeño mundo* del doliente se encuentra alterado. Es solo a través del empeño personal que se logrará encontrar un nuevo acomodo que permita encontrar nuevos significados y motivos para vivir confiados nuevamente.

El ovalo punteado que encierra los dos círculos representa el acompañamiento terapéutico con el que se planteó el desarrollo e implementación de este programa y que aquí se propone hacer sin él, en el entendido que no se busca substituir el apoyo psicológico y/ o psiquiátrico que algunas personas puedan requerir. Este trabajo pretende solamente servir como apoyo para todos aquellos que estén viviendo un duelo normal y que no tengan antecedentes de depresión o algún otro trastorno psiquiátrico.

El programa lleva por nombre Cartas y Canicas MX porque en efecto, se trabajan las emociones con cartas y las herramientas con canicas. Sin embargo, aquí propongo una estrategia diferente para que quien así lo decida, pueda poner en práctica las dinámicas, ya sea en forma personal o en compañía de familia o amigos.

II.1 LAS EMOCIONES

La dinámica con emociones persigue como objetivo poder identificarlas, normalizarlas y aprender a gestionarlas de la mejor forma posible y para lograrlo es preciso comprender que las emociones tienen una función adaptativa para el ser humano. Socialmente ha ido permeando la idea de que hay emociones buenas y malas; positivas y negativas; sin embargo, nuestra postura es que si son innatas no pueden calificarse de esta forma, si no que lo fundamental es comprender cómo pueden ayudar en cada momento de nuestra vida y en situaciones de crisis particularmente; qué pensamientos atraviesan nuestra mente cuando nos sentimos de determinada manera, ya sea tristes, enojados o culpables; qué las *dispara;* cómo lograr identificar exactamente lo que se está sintiendo, sin censura y sin juicios y finalmente, decidir qué puede hacer cada persona para que trabajen a su favor.

Para realizar este ejercicio les presento 33 cartas, cada una tiene inscrito el nombre de una emoción o estado de ánimo[2] y 5 cartas más, cada una con una PREGUNTA. Una de las 33 cartas tiene signos de interrogación ¿? para que a quien le toque elija trabajar la emoción que desee o la que esté sintiendo en ese preciso momento. Sugiero recortar o hacer con el material que se cuente, las cinco cartas que contienen las preguntas y que se deberán colocar al centro de la mesa. Con las emociones, sugiero recortar papeles del mismo tamaño y escribir en cada uno de ellos los números del 1 al 33; una vez hecho lo anterior, doble los papeles y póngalos en una caja o cuenco. Ahora sí, está listo para iniciar el ejercicio. Revuelva los papeles al azar y sin ver el contenido, tome dos y vaya a la página 37 donde están enlistadas las emociones numéricamente junto con sus definiciones; elija la que trabajará en este momento. Puede suceder que no se sienta identificado con ninguna de las dos que le hayan tocado,

---

[2] Aquí necesitaremos un poco de creatividad. Una sugerencia es recortar en el papel o cartoncillo que tengan para escribir las 5 preguntas que se pondrán sobre la mesa y recortar 33 papeles, del mismo tamaño, enumerarlos del 1 al 33, doblarlos y ponerlos en algún cuenco o caja y de ahí irlos sacando.

pero lo invito a trabajarlas porque seguramente la experimentado en algún momento y puede enriquecerse al recordar cómo las ha vivido y manejado; en perspectiva, puede resultar incluso más claro que cuando se están sintiendo en el momento, intensamente. Vaya respondiendo a cada una de las preguntas que ha colocado al centro de la mesa sin censurarse o enjuiciar, de forma espontánea, sin intentar ir al fondo en este primer paso. Puede tomar notas, si lo desea. Al terminar de responder las cinco preguntas, reflexione: ¿Cómo se sintió? ¿Aprendió algo nuevo sobre usted? ¿Le gustaría intentar algo distinto? ¿Una nueva estrategia?

Tal vez desee compartir este ejercicio en familia o con amigos de confianza. Si así lo decide, es fundamental escuchar sin emitir consejos o interpretaciones; cada uno debe respetar la manera en que los demás decidan trabajar. Al compartir en grupo es posible percatarse de los diferentes estilos de afrontamiento que puedan enriquecer la dinámica y ayudar a identificar errores, confusiones y eventualmente, encontrar nuevas formas de gestionar las emociones para que estas favorezcan el proceso de adaptación a los cambios que implican las pérdidas, cualesquiera que estas sean.

En este caso, la dinámica sería de la siguiente manera: una persona del grupo será la responsable de tomar notas para que al final de la dinámica se abra la conversación sobre los puntos que resalten sobre de todo lo expuesto en la mesa. En el sentido de las manecillas del reloj cada participante tomará dos papeles, sin ver el contenido; otro integrante de la mesa irá a la página 37 donde están enlistadas las emociones numéricamente junto con sus definiciones y leerá las definiciones de acuerdo a los números que cada uno haya sacado, en el mismo sentido de las manecillas del reloj. Una vez habiendo terminado la ronda con la lectura, cada uno deberá elegir cuál de las dos emociones trabajará y regresarán los papeles desechados a la caja de donde se extrajeron. Ahora están listos para dar inicio. Cada participante deberá responder a las preguntas que se han colocado al centro de la mesa sin censurarse o enjuiciar, de forma espontánea, sin intentar ir al fondo en este primer paso. Al terminar de responder las cinco preguntas, con ayuda de las notas que se hayan recabado, cada uno compartirá lo que desee como, por ejemplo: ¿Cómo se sintió? ¿Aprendió algo nuevo sobre usted? ¿Le gustaría intentar algo distinto? ¿Le gustaría probar una nueva estrategia? Es válido que el resto de los participantes comparta sus propias ideas, pero nunca como consejo, si no como lluvia de ideas y en primera persona, por ejemplo "cuando estoy triste acostumbro…" o "a mí me suele funcionar caminar un poco cuando me siento…". Se recomienda que el grupo no sea mayor a 6 personas y que pongan un límite de tiempo para cada participante. Diez minutos podrían ser suficientes. Al finalizar la ronda se dedicará un tiempo –alrededor de 30 minutos– para reflexionar en grupo cómo se sintieron, qué aprendieron y sobre todo subrayar lo qué están realmente dispuestos a intentar, modificar o reconsiderar. Al terminar es probable que se sientan cansados, significa que realmente están trabajando. No se preocupen, descansen y aliméntense adecuadamente.

A continuación encontrarán las 33 emociones, cada una con sus definiciones, tomando en cuenta el contexto en el cual estamos trabajando para que todos los participantes realicen la dinámica a partir de los mismos conceptos, evitando así confusiones.

Aliviado.- Cuando siente que se ha quitado una carga, una responsabilidad o que la aflicción por lo sucedido ha disminuido.

1
Aliviado

Amargado.- Cuando se guardan resentimientos o se siente víctima de la vida o de los demás; siente que la vida lo ha tratado mal, de manera injusta.

2
Amargado

Ambivalente.- Cuando existen sentimientos opuestos o se dan respuestas contrarias. Por ejemplo, siente amor y odio por la misma persona; a veces cree que todo estará bien y otras, en que todo lo ve mal.

3
Ambivalente

4 Ansioso

Ansioso.- Cuando se está acongojado, agitado o con zozobra. Siente que algo malo puede pasar, aun sin que exista un riesgo real que lo amenace. No logra concentrarse fácilmente.

5 Arrepentido

Arrepentido.- Cuando se siente mal o apesadumbrado por algo hecho o dicho.

6 Atorado

Atorado.- Cuando se siente atascado, que no puede moverse hacia adelante, como si algo obstruyera su camino.

7 Aturdido

Aturdido.- Cuando se siente atolondrado, confundido en medio del día a día. Lo que antes encontraba adecuado hoy le puede parecer ruidoso, sin sentido o una tarea que antes realizaba con facilidad, hoy le parece complicada o abrumadora.

8 Avergonzado

Avergonzado.- Cuando siente que algo dicho o hecho estuvo mal o su realidad le mortifica ante los demás, sea familia, amigos o compañeros de trabajo.

9 Celoso

Celoso.- Cuando observa a alguien detenidamente por tener algo que usted no tiene, con envidia o recelo. Cuidar a alguien demasiado, con desconfianza.

10 Confundido

Confundido.- Cuando se siente desconcertado, sin respuestas. No sabe qué decisión o camino tomar.

11 Culpable

Culpable.- Cuando se siente responsable por algo que dijo o algún acontecimiento que piensa pudo haber sido diferente si usted hubiera actuado en otra forma.

12 Desbordado

Desbordado.- Cuando siente que sus límites están rebasados. Cuando su capacidad emocional o intelectual está sobrepasada. No logra concentrarse en sus tareas diarias. Tiene una enorme necesidad de hablar y hablar sobre lo que le sucede, a veces, sin estructura o coherencia. Brinca de un tema a otro con facilidad.

13 Desconfiado

Desconfiado.- Cuando se siente inseguro o sin esperanza. Le cuesta trabajo confiar en las personas o en que la situación actual puede ser superada.

14 Desilusionado

Desilusionado.- Cuando se siente desengañado por alguien, por la vida o por Dios.

15 Desvalido

Desvalido.- Cuando se siente desamparado, sin apoyo o ayuda. Piensa que solo no puede manejar las situaciones que la vida le presenta en el día a día. Incluso aquellas actividades que formaban parte de su rutina.

16 Enojado

Enojado.- Cuando se siente irritado o molesto con alguien o por algo que ha sucedido en su entorno. También puede sentirlo contra usted mismo por algo que usted dijo o hizo o no se siente capaz de decir o hacer, a pesar de desearlo. Incluso puede sentir enojo contra el ser querido fallecido.

17 Ensimismado

Ensimismado.- Cuando se abstrae de su entorno. Se recoge en la intimidad. Se aísla de su familia o amigos o le cuesta trabajo estar en compañía de otros, aun de aquellos cuya presencia disfrutaba. Se encuentra sumido en sus propios pensamientos.

18 Envidioso

Envidioso.- Cuando se duele por lo que otros tienen. Desear tener lo que otros poseen. Piensa que la vida de los demás es mejor, que tienen lo que usted ha perdido.

19
Estigmatizado

Estigmatizado.- Sentirse señalado o marcado por alguna condición específica; por ejemplo, el género, creencia, raza o grupo social al que se pertenece.

20
Exhausto

Exhausto.- Agotado, fatigado en extremo. Física y/o emocionalmente. No tiene la energía suficiente para llevar a cabo sus actividades normales.

21
Frustrado

Frustrado.- Cuando se siente privado de lo que desea o espera. No ve camino hacia delante. Siente que por mucho que lo intenta no logra salir del estado en que se encuentra o no consigue lo que quiere.

22
Impotente

Impotencia.- Sentir que nada puede hacerse para cambiar o mejorar una situación. Sentimiento de no ser capaz de ayudar a alguien a resolver un problema o de cambiar las cosas como lo desearía. No encuentra respuestas a sus inquietudes.

23
Inseguro

Inseguro.- Cuando no se siente capaz de dar los pasos necesarios para enfrentar alguna situación en su vida. Piensa que su seguridad está amenazada por alguna razón. Ha perdido la confianza en sí mismo y en sus capacidades.

24 Miedoso

Miedoso.- Cuando teme alguna situación (pasada/presente o futura); cuando el temor le hace dudar o le impide tomar decisiones.

25 Nervioso

Nervioso.- Cuando no puede estar en reposo. Inquietud constante. Sensación de intranquilidad o inseguridad.

26 Preocupado

Preocupado.- Cuando se encuentra intranquilo, inquieto por algo que ha ocurrido o podría ocurrir (aunque sea solo de forma imaginaria). Esto le impide concentrarse en sus actividades.

27 Raro

Raro.- Cuando se siente fuera de lo "normal", distinto o siente que no "encaja" como antes lo hacía en familia, con amigos o en el trabajo.

28 Rechazado

Rechazado.- Cuando siente que lo contradicen, desprecian o le muestran franca oposición. Piensa que nadie lo entiende.

Resentido.- Cuando se siente maltratado por alguien, o por la misma sociedad o la vida.

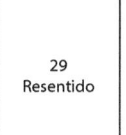
29
Resentido

Solo.- Cuando siente que no cuenta con alguien que lo consuele, ampare o acompañe (aunque esté acompañado físicamente).

30
Solo

Triste.- Cuando se siente afligido, apesadumbrado o melancólico. Puede estar ensimismado y más metido en sus pensamientos de lo habitual en usted.

31
Triste

Vengativo.- Cuando tiende a tomar venganza o siente el deseo de vengarse.

32
Vengativo

¿?.- Elija la emoción que esté sintiendo en este preciso momento o la que piense le está generando más conflicto.

33
¿?

LAS PREGUNTAS a responder son:

¿Qué es lo que le hace sentir así?

1

¿Con que frecuencia se siente así?

2

¿Qué pasa por su mente
cuando se siente así?

3

¿Qué hace
cuando se siente así?

4

¿Qué más podrá hacer
cuando se siente así?

5

Entendiendo las cinco preguntas

1 *¿Qué es lo que le hace sentir así?* En ocasiones la causa puede parecernos muy clara; en otras, es difícil encontrar porqué estamos enojados, ensimismados, avergonzados o tristes. Los seres humanos atravesamos distintas emociones, incluso en un mismo día aparentemente normal. Si nos encontramos pasando una situación que consideramos difícil o crítica las emociones pueden ser más intensas y cambiantes y en ocasiones, difíciles de identificar y entender qué fue lo que nos llevó a ellas, más allá de la superficie. Preguntarnos conscientemente qué sentimos nos puede ayudar y para lograrlo es importante hacerlo sin censurarnos a nosotros mismos. Hemos escuchado tantas veces que existen emociones negativas, que hacen daño o que sentirlas nos convierte en malas personas que parece complicado reconocerlas como propias e intentamos de forma inconsciente, disfrazarlas o minimizarlas. Sin embargo, la invitación es hacer exactamente lo contrario, aceptarlas como parte de nuestra naturaleza emocional, validarlas, normalizarlas y trabajar, eso sí, en cómo pueden ser manejadas de manera saludable en cada momento de nuestra vida; en los tiempos buenos y no tan buenos. En suma, esta dinámica es una invitación al autoconocimiento que puede enriquecernos.

2 *¿Con qué frecuencia se siente así?* No es igual sentir enojo, culpa, o miedo de vez en vez, que estar enojado, sentirse culpable o tener miedo con frecuencia o de manera persistente. Lejos de preocuparse, la intención es entender el origen de lo que se siente y cómo puede elaborarse. Es además importante tener en cuenta que aun cuando la emoción sea la misma, la causa puede variar de un momento a otro. De tal manera que habrá que preguntarse siempre: en este preciso momento, ¿por qué me siento…?

3 *¿Qué pasa por su mente cuando se siente así?* Los pensamientos que atraviesan nuestra mente están íntimamente relacionados con lo que sentimos. Estar atentos a ellos pueden ayudarnos a comprender el origen de lo que sentimos. Hay pensamientos destructivos, catastróficos, negativos, descalificadores o esperanzadores; optimistas o pesimistas. ¿Qué pasa por mi mente cuando me siento de determinada manera? Al identificarlos podemos descubrir de dónde vienen y porque pesan tanto en nuestras acciones y conducta. Quizá son mensajes que introyectamos en algún momento de nuestra vida y los dimos por ciertos, sin que en realidad lo sean. Por ejemplo, si cuando siente frustración su mente le dice *no puedes, siempre es lo mismo contigo, nadie te valora, etcétera,* la frustración se hace más fuerte y para romper este círculo vicioso podría hacer una prueba de realidad; es decir, preguntarse con toda honestidad si esto que su mente le dice es verdad, si los demás lo descalifican una y otra vez o es usted quien interpreta de esta manera los hechos, símbolos o palabras del exterior y está en sus manos transformar o desestimar estos pensamientos, cambiándolos por otros más realistas y objetivos. Es un trabajo que puede ser muy laborioso para quien siempre se ha conducido de determinada manera pero, parafraseando a Einstein, si sigue haciendo siempre las mismas cosas, obtendrá los mismos resultados y si estos no le están ayudando a vivir plenamente habrá que encontrar nuevas fórmulas.

4 *¿Qué hace cuando se siente así?* Cuando está enojado, por ejemplo: ¿cómo reacciona? ¿Ya identificó la causa de su enojo y los pensamientos que atraviesan por su mente cuando se siente así? Después de su reacción se siente, ¿Mejor? ¿Satisfecho? ¿Relajado? o, por el contrario, se siente ¿Culpable? ¿Más enojado? ¿Incomprendido?

5 *¿Qué más podría hacer cuando se siente así?* Si la forma en que suele reaccionar ante el enojo, el miedo, la frustración, la culpa o la tristeza no le hacen sentir mejor quiere decir que necesita encontrar nuevas maneras de manejarlas, que le permitan mejorar su estado de ánimo, contribuyendo a su bienestar general y muy pro-

bablemente, al de quienes le rodean en especial, sus seres queridos. Si el ejercicio lo está haciendo en compañía de alguien más podría decidir abrir la conversación para que cada uno, desde su perspectiva siempre única, comparta lo que cada uno considera le favorece en momentos similares o estaría dispuesto a intentar para lograr el cambio deseado.

Este no es un ejercicio de una sola vez. Es recomendable realizarlo una vez por semana, durante al menos 5 ocasiones aunque se podría extender a 12 y después, de tanto en tano, se sintiera la necesidad de hacerlo. Para que los resultados se traduzcan en una mejora objetiva en la forma de manejar aquellas emociones que le generan más conflicto a cada uno, es fundamental que después de cada ocasión la persona dedique tiempo y esfuerzo para lograr los cambios que se haya propuesto. Esta dinámica puede y ese es mi deseo, convertirse en una herramienta de autoconocimiento poderosa que los lleve a descubrir nuevos caminos para vivir nuestra dimensión emocional sin intentar reprimir o inhibir lo que sentimos, aprendiendo a gestionar adecuadamente nuestras emociones, siempre cambiantes y a reconocer su papel funcional en la vida de cada uno. Las emociones, todas, tienen orígenes biológicos y son innatas al ser humano; no las inventamos. Sin embargo también tienen componentes sociales, culturales y cognitivos. Hay familias y grupos sociales que fomentan algunas de ellas en particular y responden con conductas específicas. Así que, nacemos con ellas pero aprendemos a gestionarlas a través de la educación y del lugar donde crecemos y nos desarrollamos.

Veamos las funciones de algunas de las emociones que nos generan mayor conflicto y que suelen estar presentes cuando estamos en proceso de duelo:

El enojo. El enojo suele ser una emoción fuerte que se hace presente cuando algo, real o imaginario, nos desagrada. Funcionalmente, el enojo nos prepara para defender la justicia, la razón y la equidad; inconformarnos ante lo que consideramos que está mal, que es indebido o incorrecto. Puede ir desde algo pasajero hasta la ira, furia, rabia y una franca hostilidad, irritabilidad o agresividad. Hay quienes se enojan con mucha facilidad y frecuentemente. Las reacciones ante un mismo hecho pueden ser diametralmente distintas entre las personas; unos las responden directamente y otros canalizan sus impulsos hacia otros objetivos, se involucran en actividades gratificantes que les tranquilizan o hablan de lo sucedido con alguien neutral al acontecimiento. El enojo puede estar escondiendo alguna otra emoción que nos resulte más difícil reconocer, como el miedo o la frustración. Asimismo, el enojo trae consigo energía que cada uno es capaz de decidir cómo utilizar; con ella se puede construir o destruir. En principio ante el enojo tendríamos que plantearnos si éste está cumpliendo con su función o es algo irreal o que estamos malinterpretando; el siguiente paso será saber si está en proporción a lo sucedido o se está sobre reaccionando y finalmente, decidir cómo manejarlo para sentirse bien con uno mismo y aprovechar esa energía de la mejor forma posible.

La tristeza.- La tristeza nos lleva por lo general a un estado de ensimismamiento donde la reflexión consciente y responsable puede ayudarnos a descubrir su origen real –la muerte del ser querido; la ausencia de la madre que también era amiga y confidente; la pérdida de la seguridad económica; la sensación de vulnerabilidad que le sigue amenazando, etcétera– y descubrir los recursos internos y externos de los que cada uno dispone para hacer frente a lo que tiene delante, aprender a compensar, a no ver la vida en blanco y negro. Es decir, reconocer lo que le ha llevado a la tristeza, identificar lo que es real y lo que su imaginación ha desvirtuado tal vez y a poder ver todo cuanto está ahí a su alrededor y que la tristeza no le está permitiendo ver.

El miedo.- El miedo bien manejado es protector porque nos hace ser cautos para medir los peligros, nos permite estar alertas y tomar las mejores decisiones en el momento pertinente; evita que se tomen riesgos innecesarios que nos llevarían probablemente a peligros aún mayores. Sin embargo, cuando permitimos que el miedo nos gobierne podríamos llegar a paralizarnos o a tomar caminos equivocados. Así que en primer lugar cuando se siente miedo o temor es bueno preguntarse el origen, ¿Porqué? ¿De qué? ¿A quién? En ocasiones tener más información sobre algún suceso en particular puede ayudar a reducirlo; en otras, el miedo viene a nosotros porque la mente va más rápido y nos lleva a pensar demasiado sobre un futuro que parece incierto y peligroso; en estos casos, intentar no futurear tanto, al mismo tiempo que se prepara realistamente para distintos escenarios tanto como sea posible, aún para lo peor, pero esperando lo mejor.

La culpa.- La culpa suele estar presente en algunos momentos de la vida de casi todo ser humano y aunque también tiene una función importante, que es reconocer nuestras fallas y poder resarcir el daño que voluntaria o involuntariamente hemos causado, también es cierto que hay que deshacernos de ella tan pronto como sea posible. Dejar que se anide no es buena idea; genera desazón y amargura. Además, gran parte de lo que llegamos a sentir como culpa es resultado del condicionamiento social o religioso transmitido de generación en generación y no porque realmente hayamos causado un daño, al menos no de forma consciente. Cuando la culpa llegue a usted pregúntese primero de qué exactamente se siente culpable: *le grité sin motivo alguno; soy egoísta y solo estoy pensando en mí; debí haber hecho más por él…; fui un mal padre y ahora estoy pagando por ello; no lo llevé al médico a tiempo…*

EJEMPLIFICANDO EL TRABAJO CON EMOCIONES:

Pedro, publicista de 55 años, casado y con dos hijos adolescentes. La madre de Pedro, María, murió a causa del COVID 19 hace 3 meses. Tenía 80 años y vivía sola en un pequeño apartamento, a unos 30 minutos de donde vive Pedro con su familia. Acostumbraban verse una o dos veces al mes y se llamaban por teléfono cada tercer día. Pedro refiere que la relación con la madre era buena, aunque en los últimos años se había vuelto complicado estar con ella; la plática era monótona porque, dice, el mundo de su mamá se había empequeñecido; pasaba el tiempo frente a la televisión, salía poco de casa porque aunque se encontraba bien para su edad, su movilidad estaba disminuida desde hacía un par de años, a consecuencia de una caída. Un día por la mañana, María le telefoneó para decirle que tenía fiebre y un poco de tos; Pedro le preguntó si alguien la había visitado o si la persona que le asistía en casa estaba enferma, pero ante las respuestas negativas de María, Pedro pensó que no había nada de qué preocuparse. "Te paso a ver por la tarde", le respondió. Y así lo hizo; dieron las 6 de la tarde y Pedro encontró a su mamá ardiendo en calentura y con mucha tos. De inmediato la llevó a un hospital donde fue internada y donde tres días después falleció. Tres días que para Pedro resuenan como un torbellino en su mente y no lo deja en paz. Piensa que actuó de manera irresponsable, que debió acudir esa misma mañana a ver a María y que tal vez hoy las cosas serían diferentes.

Hoy ha decidido hacer la dinámica, toma dos papelitos que tienen los números 11 (culpable) y 15 (desvalido) y decide que este es un buen momento para trabajar en la culpa.

Culpable.- **Cuando se siente responsable por algo que dijo o algún acontecimiento que piensa pudo haber sido diferente si usted hubiera actuado en otra forma.**

Empieza por responder a las 5 preguntas:

¿Qué es lo que le hace sentir culpable? No haber ido a ver a mi mamá en cuanto me habló por teléfono

¿Con qué frecuencia se siente así? Prácticamente todos los días desde su muerte, hace tres meses.

¿Qué pasa por su mente cuando se siente así? Pienso que fui egoísta, que si hubiera ido en ese momento quizá hoy no estaría muerta

¿Qué hace cuando se siente así? Me aíslo, recuerdo todo lo sucedido y trato de que nadie se dé cuenta de lo que me sucede.

¿Qué más podrías hacer cuando se siente así? No sé, tal vez hablarlo con alguien.

Ahora Pedro debiera pensar cómo se sintió al ir respondiendo cada una de las preguntas, si descubrió en él algo nuevo o diferente, si es posible ver desde una nueva perspectiva los acontecimientos. Además, responderse si en la forma en que está intentando manejar la culpa le ha ayudado en algo, si ha disminuido o si ha aumentado o si se ha, incluso, reforzado. Si ha pensado que hablar con alguien podría serle útil, ¿en quién ha pensado?, ¿un familiar, amigo o terapeuta? Y, lo más importante, ¡hacerlo!

Les comparto otro ejercicio que puede ayudar al manejo adecuado de la culpa haciendo una prueba de realidad: tome una página en blanco y divídala en dos partes. Del lado izquierdo escriba qué tan culpable se siente por aquello que cree no haber hecho o haber hecho mal, sin censura, solo usted lo leerá. Cuando termine, pase al lado derecho de la página y escriba por qué lo hizo o dejó de hacer. Reconózcase también como el humano que es, limitado y falible. Pregúntese si actuó como en aquel momento pensó era lo mejor; si sus circunstancias le obligaron a actuar de determinada manera, si con la información que contaba podía haber hecho algo diferente, etcétera.

Ahora vea la página completa. Repase lo que ahí escribió. Es muy probable que lo que antes veía como una gran culpa ahora se dé cuenta que si existe, es de menor magnitud.

Repita el ejercicio cuantas veces lo considere necesario hasta que se sienta cómodo con sus propias respuestas. Si aún queda alguna culpa residual podrá pensar en la forma de resarcirla. ¿Cómo? Perdonando y haciéndose perdonar; ayudando a alguien más; escribir al ofendido (si lo hubiera) sin esperar respuesta o incluso a alguien que ya ha fallecido; donando algo simbólico o con nuevas acciones, como por ejemplo, el tiempo que cree no haber dedicado a sus hijos y que ahora tal vez lo pueda dedicar a los nietos o pensar en participar activamente en alguna organización civil cuya causa le *mueva*. Recuerde siempre que nadie es perfecto y que en situaciones de crisis a veces tenemos que actuar sin tener el tiempo y/o la información suficiente para reflexionar sobre nuestras decisiones. Así que con el paso del tiempo vienen a nuestra mente otras posibilidades y olvidamos que en aquellos momentos no existían, no las conocíamos, no estaban a nuestro alcance o simplemente no pasaron por nuestra mente.

Otro ejercicio que puede ayudar en la gestión de las emociones es el siguiente: imagine que tiene una habitación llena de maletas que ni siquiera le permiten caminar cómodamente dentro de ella. Habrá que colocarlas dentro de un armario, pero antes de hacerlo deberá revisar lo que hay ahí dentro.

A cada maleta puede ponerle el nombre de una de las emociones que más le acongojan: miedo, tristeza, enojo, etcétera. Cuando esté tranquilo y sepa que no va a ser interrumpido, decida cuál de ellas va a *revisar*. Ábrala simbólicamente y mire dentro. Si eligió el miedo, revise el contenido, de dónde viene el miedo, a qué le teme en este momento; tal vez sea a estar solo el resto de su vida, a no poder reconstruirse, al futuro, a regresar a una *nueva normalidad* que no conoce, a volver a enfermar, a no poder olvidar las imágenes de dolor y sufrimiento que vio en el hospital, a que pueda volver a suceder algo así...

Escriba sus pensamientos o háblelos consigo mismo e intente verlos en perspectiva; recuerde que el miedo brinda energía que usted decidirá cómo utilizar; tenga presente también que el miedo no es malo, siempre y cuando no le impida vivir en el aquí y el ahora y funcionar adecuadamente en el plano personal, familiar, social y espiritual. Funcionar adecuadamente no es sinónimo de perfección. Todos tenemos problemas, aciertos y desaciertos.

Hacer una prueba de realidad como sugerí antes puede serle útil en este momento también. De un lado de la página escriba sus temores (los de este momento; mañana, pueden ser otros) y del otro lado escriba qué puede hacer para disminuirlos y que le permitan vivir en el presente. Verlo en perspectiva puede darnos una idea de cuántas veces tememos por cosas que no están sucediendo y la forma en que nos desgastamos con la sola idea de que podrían ocurrir, en lugar de trabajar en lo que sí podemos controlar como el pedir ayuda, acompañarnos de nuestra red de apoyo, distraernos con las actividades que nos dan sentido y motivo, desarrollar nuevas habilidades, emprender nuevas tareas, trabajar en nuestras herramientas para comprender que no importa qué suceda mañana es posible tener confianza en que encontraremos la forma de superar el reto como seguramente lo hemos hecho antes.

RECUERDE QUE...

- Si trabaja las emociones en grupo, cada participante debe respetar las opiniones y declaraciones de cada uno respecto a cómo las vive, las gestiona o intenta procesarlas
- Hable siempre en primera persona; empiece diciendo: Yo pienso, yo siento, yo hago, yo decido, yo intentaré, etcétera.
- No se trata de que todos piensen o sientan igual, si no de darse cuenta que todos podemos sentir lo mismo y manejarlo diferente y, aún más importante, lograr el mismo objetivo por caminos distintos; al final, lo importante es qué le funciona a cada uno, sin juicios de valor.
- Al terminar la dinámica, aterrice sus ideas, póngase en marcha trabajando en lo que haya decidido para gestionar la emoción que haya elegido. Establezca el plazo de una semana para revisar sus avances. Mientras eso sucede, le sugiero llevar a cabo la dinámica de las herramientas.

II.2 LAS HERRAMIENTAS

Esta dinámica tiene como objetivo ayudar a que cada participante identifique, descubra, recuerde o fortalezca cada uno de los recursos o herramientas con los que cuenta o puede desarrollar para apoyarse en los momentos de cambio o reto por los que esté atravesando, pero también para los que pueda enfrentar en el futuro. Con la simbología de formar su propia *caja de herramienta,* esperamos que cada uno pueda crear la imagen mental de una verdadera *caja* donde guarda todos aquellos talentos o dones que le pueden facilitar el proceso de adaptación, aun en medio del caos.

Identificarlas, saberlas propias o hacerse de ellas puede apuntalar la confianza en sí mismo y acceder a ellas de manera oportuna y pronta en el momento en que las requiera.

Para trabajarlas les presento 28 canicas[3], 27 de las cuales tienen impresa una herramienta y la última, signos de interrogación, en cuyo caso la persona podrá elegir cuál trabajar y que no necesariamente tiene que ser alguna de las aquí enlistadas.

Sugiero recortar 28 papeles del mismo tamaño y anotar en cada uno los números del 1 al 28, doblarlos y ponerlos en una cajita o cuenco para de ahí irlos tomando. Ahora sí, está listo para dar inicio a la dinámica. Revuelva los papeles al azar y sin ver el contenido, tome uno. Vaya a la página 59 donde están enlistadas las herramientas numéricamente junto con sus definiciones. Ahora que tiene claro su significado en el contexto que se está trabajando pregúntese: ¿considera que cuenta con ella? En caso afirmativo, ¿cómo le ha ayudado en su vida?, ¿necesita fortalecerla?, si considera que no la tiene, ¿cree que podría ayudarle en estos momentos?, ¿cómo podría desarrollar-

---

3 Aquí necesitaremos nuevamente de un poco de creatividad. Sugiero recortar 28 papeles, del mismo tamaño, enumerarlos del 1 al 28, doblarlos y ponerlos en algún cuenco o caja y de ahí irlos sacando.

la? Tal vez desee compartir este ejercicio en familia o con amigos de confianza. Si así lo decide debe respetar la manera en que los demás decidan trabajar. Al compartir en grupo la dinámica se enriquece y es posible darse cuenta cómo otros utilizan de diferente manera las mismas herramientas o bien, descubrir que sí cuenta con ellas pero no sabía de cuantas formas distintas pueden representar un soporte en momentos de crisis.

En este caso, la dinámica sería de la siguiente manera: una persona del grupo será la responsable de tomar notas para que al final de la dinámica se abra la conversación sobre los puntos que resalten sobre todo lo expuesto en la mesa. En el sentido de las manecillas del reloj cada participante tomará un papel, sin ver el contenido. Ahora otro integrante de la mesa irá a la página correspondiente donde están enlistadas las herramientas numéricamente junto con las definiciones, para unificar los criterios y que todos trabajen sobre el mismo contexto; se leerán las definiciones de acuerdo a los papeles que cada uno sacó en el mismo sentido de las manecillas del reloj. Una vez habiendo terminado la ronda de lectura están listos para trabajar. Cada uno irá respondiendo las mismas preguntas: ¿Considera que cuenta con ella? En caso afirmativo, ¿cómo le ha ayudado en su vida?, ¿necesita fortalecerla?, si considera que no la tiene, ¿cómo piensa que podría ayudarle en estos momentos?, ¿cómo podría desarrollarla?

En esta dinámica, tanto si se realiza en forma individual o grupal, es indispensable comprender que se debe considerar cada una de las herramientas – talentos o dones– dentro de un continuo del 0 al 10, siendo cero igual a la ausencia total de la herramienta, talento o don y 10 el nivel máximo posible. Esto es importante porque todos podríamos contar con algunas o muchas de las herramientas mencionadas pero el nivel de desarrollo varía de persona a persona, en cada etapa de la vida e incluso, de un momento a otro. Además, en momentos de crisis es común que se olvide al menos por momentos con qué herramientas contamos, ya sea porque la situación nos rebase temporalmente o bien, porque nunca antes las habíamos utilizado o no sabíamos cómo cada una puede servir para afrontar, asumir, aceptar y finalmente adaptarnos a los cambios de la vida de la mejor forma posible.

Por ello les propongo que al responder a las preguntas respecto a cada una de las herramientas incluya también las siguientes: ¿En qué lugar del continuo coloco esta herramienta en este momento? ¿Creo que debo fortalecerla? en caso afirmativo, ¿en qué nivel me gustaría estar? ¿Qué puedo hacer en el corto plazo para lograr el objetivo? Es importante mencionar que los extremos prácticamente no existen y no necesariamente son saludables; así que tratemos de no ver solo blanco y negro e intentemos hacer una reflexión objetiva y buscar el sano equilibrio.

Se recomienda que el grupo no sea mayor a 6 personas y que pongan un límite de tiempo para cada participante. Diez minutos podrían ser suficientes. Al terminar toda la ronda es conveniente también dedicar alrededor de 30 minutos para reflexionar cómo se sintieron, qué aprendieron y qué están dispuestos a intentar, modificar o reconsiderar. Al terminar es probable que se sientan cansados, significa que realmente están trabajando. No se preocupen, descansen y aliméntense bien.

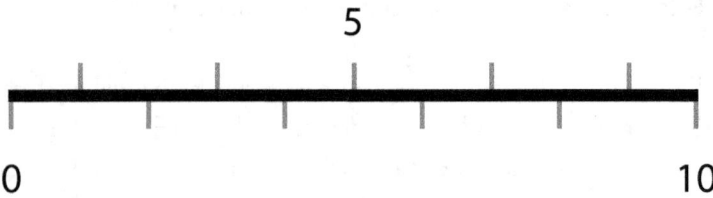

Les presento aquí las definiciones que aplican para cada una de las herramientas para que en caso de trabajar en grupo, lo hagan bajo los mismos conceptos, evitando confusiones y entendiendo que no son exhaustivas. No olvide ubicar cada una de las herramientas dentro de un *continuo* del 0 al 10:

Amabilidad.- Significa ser afable, amistoso, complaciente. En este contexto significa serlo con los demás, pero también con uno mismo.

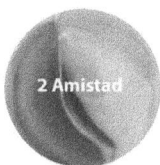

Amistad.- En este contexto significa sentir o tener afinidad con otras personas; sentirse bien en su compañía; saberse parte de un grupo; ser generoso y compartido; saberse apreciado; ser solidario.

Amor.- En este contexto significa tener inclinación por algo o alguien, lo que hace que lo atraiga y busque complacer; además, le brinda sentido de vida y pertenencia. Significa también abrazar la vida a pesar de las circunstancias adversas.

Autoconfianza.- Significa saberse capaz de lograr lo que se propone aun cuando pueda resultar difícil o arduo.

Autocontrol.- Significa ser capaz de contener o atemperar impulsos o acciones que considere inapropiados y se sienta bien consigo mismo al lograrlo, por difícil que le haya resultado.

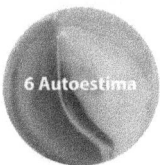

Autoestima.- Significa quererse a uno mismo, tal como se es. Es sentirse merecedor de amor y tranquilidad y entender que no se es responsable de las situaciones adversas por las que atraviesa, pero sí de la respuesta que decida dar de cómo vivir el proceso.

Capacidad de asombro.- Significa poder apreciar o admirar lo bueno o nuevo que cada día ofrece o las cualidades de otro o de uno mismo ante las circunstancias que se estén viviendo.

Confianza.- Significa sentirse con ánimo, esperanza o seguridad para lograr algo. También puede relacionarse con la certeza de contar con alguien o algo de donde asirse en momentos de caos.

Esperanza.- En este contexto significa que se ve como alcanzable alguna meta, como por ejemplo, alcanzar la paz, el perdón o poder recomenzar, volver a vivir con plenitud y poder nuevamente sonreír.

Espiritualidad.- Es una de las dimensiones innatas al ser humano, que puede o no estar relacionada con una doctrina religiosa. Es el conjunto de principios o actitudes con las que nos vinculamos y a través de la cual damos sentido a la existencia. Hay quienes la contactan través de la naturaleza, la meditación o el arte en cualquiera de sus formas.

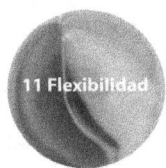

Flexibilidad.- Significa ser capaz de adaptarse a situaciones diversas, cambiar de idea cuando se sabe equivocado o reconocer que es necesario hacer cambios según las circunstancias o necesidades.

Generosidad.- En este contexto significa que se es noble, aun en situaciones extremas. Por ejemplo, se es capaz de perdonar y perdonarse o ayudar a otros en situaciones similares.

Gratitud.- Significa en este contexto tener la capacidad de reconocer y apreciar lo que la vida y los de nuestro rededor nos ofrecen en cada momento.

Honestidad.- Significa rectitud, decencia, ser razonable y justo. En este contexto significa que a pesar del dolor se privilegia esta virtud como principio básico y a pesar de encontrarse en circunstancias adversas.

Humildad.- Ser capaz de reconocer las debilidades y limitaciones que se tienen y estar en paz con ello; poder soltar, aprender o pedir ayuda.

Inteligencia.- En este contexto significa ser sabio o experto. Sabio para decidir cómo vivir la experiencia, qué sentido darle, reconocer la importancia de trabajar en el proceso de reconstrucción, saber priorizar las necesidades, así como reconocer los límites y acercarse a las fuentes o personas que pueden aportar lo que no se tiene.

Justicia.- Que actúa con la razón y no se deja llevar por impulsos. Que es capaz de perdonar, por ejemplo. Significa desear el bien para los demás y no solamente para uno mismo.

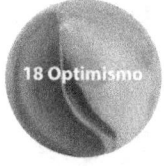

Optimismo.- Significa que la persona busca el lado favorable de las cosas, lo cual es muy difícil en circunstancias adversas; con el paso del tiempo se va siendo capaz de reconocer aprendizajes o lecciones adquiridas en medio del caos. No se ve el mundo en blanco y negro.

Paciencia.- En este contexto significa ser capaz de dar tiempo al tiempo, saber esperar o aceptar que el proceso doloroso puede ser más lento de lo que uno desearía, que hay situaciones que no pueden apresurarse o que hay decisiones que deben esperar.

Perdonar.- Significa ser capaz de otorgar el perdón (aun en ausencia del culpable) para liberarse. Quien perdona no olvida, pero al recordar el dolor va cediendo en el tiempo. Es un bien que se hace a uno mismo y que se traduce en paz y energía para seguir hacia adelante.

Perseverancia.- Significa constancia, mantenerse en el camino que se piensa correcto o adecuado al momento, aunque haya cansancio y fatiga, toma pausas necesarias y continúa por donde ha decidido conscientemente.

Prudencia.- Significa tener buen juicio, templanza, moderación. Es ser capaz de distinguir entre lo bueno y lo malo para tomar buenas decisiones, no dejarse llevar por arrebatos en busca de lo que a simple vista puede parecerle mejor o más fácil.

Sentido del humor.- Es la capacidad para ver el lado amable de la vida, aun en circunstancias adversas. Sabe tomar pausas y relativizar los acontecimientos dándoles su justo valor. Puede abarcar el reírse de uno mismo.

Tolerancia.- Significa ser capaz de aceptar las ideas, creencias y acciones de los demás, sin sentirse vulnerado.

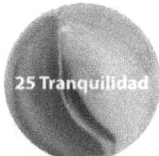

Tranquilidad.- Significa tomarse el tiempo suficiente para actuar, sin agobios y sin prisa. Significa no ser arrebatado e impulsivo. Es tener la certeza de que no por correr llegará a su objetivo antes de tiempo.

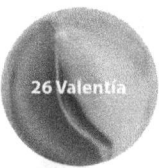

Valentía.- Ser valiente significa enfrentar las dificultades, no huir de ellas a pesar de su dificultad o del temor que pueda sentir por momentos.

Vitalidad.- Significa sentirse vivo, motivado y con energía para continuar con su vida. Aún en los momentos desafiantes no pierde el deseo de moverse para recomponerse y recomenzar.

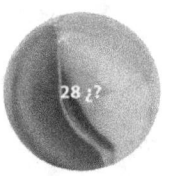

¿?.- En este caso el participante decidirá qué herramienta desea trabajar. Idealmente será alguna que identifique le pueda beneficiar en su proceso de duelo o bien, aquella que considera no tener, pero reconoce importante adquirirla o desarrollarla.

EJEMPLIFICANDO EL TRABAJO CON LAS HERRAMIENTAS

Regresemos con Pedro, quien se encuentra trabajando la culpa, para lo cual ha decidido platicar en un primer intento con su amigo Germán que, además de tener un vínculo importante con él es, según sus propias palabras, una persona asertiva y objetiva y cree que eso le ayudará. Simultáneamente ha decidido llevar a cabo la dinámica de las herramientas. Recortó los papeles, los enumeró y los puso en una cajita. Toma el papel que tiene el número 15, que corresponde a:

> *Humildad.-* **Ser capaz de reconocer las debilidades y limitaciones que se tienen y estar en paz con ello; poder soltar, aprender o pedir ayuda.**

Ahora Pedro está listo para comenzar. Él tendría que preguntarse si ¿Considera que es humilde? En caso afirmativo, ¿cómo le ha ayudado ser humilde en su vida?, si considera que no la tiene, ¿cómo piensa que podría ayudarle la humildad en estos momentos?, ¿en qué lugar del *continuo* se colocaría en este momento? ¿En qué lugar le gustaría estar? ¿Cómo podría desarrollarla?

Después de pensarlo un poco, Pedro piensa que la humildad le ha ayudado para reconocer que en ocasiones buscar ayuda es una buena idea, que no siempre tiene que resolver él mismo todo, que existen situaciones que por momentos lo rebasan y que no es signo de debilidad. Hoy cree que su humildad está en un 5 porque le fue difícil tomar la decisión de pedirle ayuda a su amigo, tanto que durante tres meses prefirió aislarse para que nadie se diera cuenta de su malestar. Así que ahora que ha entendido cómo la humildad puede ser una gran herramienta piensa que puede desarrollarla para llegar a un 7. ¿Cómo piensa lograrlo? Para empezar, ha decidido compartir con su esposa e hijos lo que le sucede, además de buscar a su amigo.

RECUERDE que…

- Si trabaja las herramientas en grupo, cada participante debe respetar las opiniones y declaraciones de cada uno respecto a cómo las entiende, utiliza, intenta desarrollarlas o fortalecerlas.
- Hablar en primera persona; empiece siempre con: Yo pienso, me funciona para…, a mí me sirve, yo la voy a fortalecer…, yo intentaré…, etcétera.
- No se trata de que todos piensen igual o hagan lo mismo, si no de darse cuenta de que todos podemos utilizar las herramientas de diferente forma o tenerlas en un nivel distinto de desarrollo. Al final, lo importante es qué le funciona a cada uno, sin juicios de valor.
- Al terminar el ejercicio es recomendable dedicar el resto de la semana para intentar los cambios que cada quien haya considerado y al término de la misma, revisar los avances y hacer modificaciones o fijar nuevas estrategias, si es necesario.
- Al tiempo que se pone en marcha es recomendable trabajar fijándose un COMPROMISO (tarea) encaminada a su propia reconstrucción.

II.3 PROCESO DE RECONSTRUCCIÓN A TRAVÉS DE COMPROMISOS

Esta tercera dinámica resulta el complemento fundamental para que el trabajo que se hace sobre las emociones y las herramientas no quede en un discurso teórico y que sirva para poner en la práctica todo aquello que se ha desvelado a través del empeño realizado en el área de las emociones y el desarrollo de las herramientas. Se proponen compromisos en forma de tareas que tienen como objetivo convertir en acción el proceso de encontrar un nuevo equilibrio, un nuevo balance en la vida de cada uno de los dolientes, donde se pueda encontrar sentido y propósito. Un proceso que puede resultar muy doloroso porque involucra el aceptar afectivamente todo lo que se ha perdido, lo que incluye sanar el legado para que éste permita seguir caminando ligeramente y hacia delante y sabiendo y aceptando que siempre queda un dolor residual, pero que éste no ata en el pasado si no que es posible volver a confiar en un mundo que ofrece nuevas posibilidades; es entender que en el caso de la muerte de un ser querido, éste seguirá siendo parte de la vida de quienes lo amaron, el vínculo emocional no se rompe y que quien ya no está físicamente seguirá siendo parte de la historia de cada uno de quienes le sobreviven.

Seguramente alguna vez ha leído una novela donde personajes centrales de la historia, que tuvieron un papel preponderante en los primeros capítulos dejaron de estar tan presentes o su papel fue modificándose a lo largo de la trama (por el motivo que sea); esto no hace que su papel dentro de la historia sea menos importante y hasta el final; es decir, la historia completa no podría explicarse sin cada uno de sus personajes.

Pues bien, quien muere sigue actuando de muchas maneras en la vida de todos aquellos a quienes su presencia en este mundo, impactó. Algunos se preguntan ¿Qué me diría en este momento mi mamá?

Otros, van reconociendo en sí mismos rasgos de su ser querido fallecido; unos seguirán algún proyecto que le apasionaba, sin renunciar a los propios, como una forma de homenaje a la memoria de quien ha muerto y, muchos más encontrarán en la tarea de trasmitir a las nuevas generaciones las anécdotas y enseñanzas de los abuelos, de los tíos o los amigos, un gran sosiego y sentido de coherencia en el pasado-presente que nos lleva a cada momento hacia el futuro.

Para algunos el hecho de escuchar *reconstrucción* les parece una labor monumental, casi imposible de lograr, ya sea porque piensan que es una especie de abandono con respecto a lo que se ha perdido, en especial cuando se trata de pérdida por fallecimiento de un ser querido; sin embargo, la vida se ha visto transformada de manera inevitable en todas las dimensiones y ante ello nos vemos obligados a reconstruir, con las piezas que aún están ahí y se desea conservar y con las nuevas que cada uno pueda rescatar y quizás algunas más que desee integrar.

No se trata de olvidar, sino de integrar y celebrar el paso de aquellos que han dejado huella en nuestras vidas y para lograrlo hemos de repensar en todo lo que se ha perdido (incluyendo las pérdidas secundarias) y de ser necesario, sanar el legado porque no existen relaciones perfectas y para poder caminar hacia delante y ser capaz de reconocer y honrar todo lo que se ha tenido y aprendido es conveniente dejar atrás lo que no sea saludable seguir *cargando*, sin negarlo o reprimirlo, sino elaborándolo de tal manera que al traerlo de nuevo a la memoria no provoque dolor; finalmente, se trata de unir pérdidas con ganancias, en un trabajo absolutamente personal pero indispensable para poder vivir tan consciente y plenamente como sea posible.

Iniciar este proceso de reconstrucción no es sencillo y las personas pueden sentirse vulnerables y debilitadas. Es recomendable ir desde lo más sencillo hasta lo más complejo y dependerá de cada uno decidir. El trabajo de reconstrucción abarca las cuatro dimensiones (física, psicológica, social y espiritual) y todo lo que se haga para buscar y encontrar un nuevo equilibrio es valioso; no hay esfuerzo pequeño.

Este proceso incluye el autocuidado, fortalecer la red de apoyo, atender las necesidades espirituales, saldar pendientes, afrontar retos, aceptar pérdidas secundarias, tomar nuevos roles, emprender nuevos proyectos. Para tener éxito y que no resulte demasiado abrumador es conveniente plantearse pasos realistas y de corto plazo para que sean constantes y que a medida que se van cumpliendo, animen a seguir hacia delante.

Aquí presento una lista de tareas de donde es posible partir, en el entendido que no tiene un orden obligado y que no es exhaustiva. Cada caso en lo particular tiene sus propios desafíos. Así que les invito a revisarla y a priorizar lo que en su caso en particular piensa puede ayudarle en este proceso de reconstrucción. El COMPROMISO es consigo mismo y con nadie más:

1. **Hacer ejercicio.** El ejercicio no solo trae consigo una serie de beneficios para el cuerpo, también ayuda a mejorar el estado de ánimo. Para quien nunca ha tenido el hábito del ejercicio puede resultarle más difícil. Por ello, es importante ponerse metas objetivas y realizables. Iniciar con 15 minutos, 3 veces por semana puede funcionar para quienes no lo practican habitualmente. Cualquier ejercicio ayuda; caminar puede ser un buen inicio.

2. **Dieta.** Adoptar o retomar una dieta balanceada y saludable es importante. Nuevamente, metas cortas y realizables. No se trata en este momento de hacer sacrificios o hacer dietas rígidas, si no de mantenerse en la mejor forma posible. Es

común ver personas en duelo que comen muy poco o, por el contrario, comen mucho y con alto valor calórico producto muchas veces de la ansiedad. Así que la idea en estos casos es ir poco a poco retomando la *normalidad* y en los casos donde no se tenía una dieta sana ir adoptando una que le brinde energía y lo mantenga en forma.

3. **Actividades mente/cuerpo.** Practicar una buena respiración y/o meditación trae beneficios físicos y emocionales sorprendentes. Si nunca lo ha hecho este es el momento para introducirse en ellas. Existen en internet tutoriales así como aplicaciones que pueden resultar útiles para guiarlo en estas prácticas.[4]

4. **Rutina diaria.** Es muy probable que su rutina se haya modificado parcial o totalmente. La pérdida de la rutina crea inseguridad e incertidumbre; es importante retomar o crear una nueva rutina; que cada día al amanecer sepa qué hará ese nuevo día, no para evadirse ni llenarse de compromisos para los que quizá ni siquiera esté listo. Se trata más bien de tener una cierta estructura que haga que cada día tenga sus afanes, motivos para levantarse y estar en movimiento.

5. **Pedir ayuda.** Es posible que se sienta desbordado por momentos. En situación de duelo activo hasta los mínimos quehaceres como cocinar pueden resultar abrumadores. Hay personas para quienes pedir ayuda significa debilidad. Si usted es una de ellas, pregúntese ¿Qué haría yo para ayudar a alguien querido? Es posible que haya personas que quisieran apoyarlo y están ahí afuera esperando saber cómo hacerlo.

6. **Escribir sobre lo sucedido.** Entender y asumir los hechos dolorosos toma tiempo. Aceptar a nivel racional es

---

[4] En el apéndice podrá encontrar un ejercicio de respiración

distinto a aceptar a nivel afectivo. Repasar y repensar lo sucedido puede ayudar a *acomodar* la experiencia y encontrar una nueva narrativa que dé sentido. Podría escribirle una carta a un ser querido fallecido y decirle todo aquello que quizá quedó pendiente. Escribirle a nuestro niño interior que tal vez hoy se encuentra atemorizado o inseguro puede igualmente permitirnos ir al ritmo que cada uno necesite para recomponerse y continuar hacia adelante.

7. **Identificar y aceptar las pérdidas secundarias.** A medida que el choque inicial por la pérdida(s) pasa se van descubriendo de cuántas maneras se modificó el *pequeño mundo* de cada uno; al fallecimiento de un ser querido se añade el cambio en las responsabilidades y roles, la rutina alterada, las emociones cambiantes, la situación económica, la vivencia de aislamiento y vulnerabilidad. Y, por si fuera poco, se va descubriendo día con día todo lo que la persona fallecida representaba en la vida de cada uno de los miembros de la familia cercana: madre/amiga, padre/proveedor, hermano/cómplice, amiga/confidente. Parte del trabajo de duelo será reconocer cada una de estas pérdidas, aceptarlas, asignarles su valor (siempre distinto para cada uno) y asumirlas hasta encontrar paz reconociendo que si bien es cierto que la persona fallecida no puede jamás ser sustituida, algunos de los roles sí pueden ser cubiertos por otros miembros de la red de apoyo con que se cuente.

8. **Fortalecer el área espiritual.** Somos seres profundamente espirituales, con o sin un sistema de creencias determinado aunque, en efecto, muchas veces la espiritualidad se acompaña de una religión. En el caso de profesar una religión es importante revisar si su fe le acompaña, le acoge y le brinda esperanza o si, por el contrario, es fuente de ansiedad

o culpa, en cuyo caso valdría la pena preguntarse si es necesario hacer algo al respecto como hablar con alguien de su iglesia que pueda orientarlo. A veces las normas son pasadas de generación en generación sin cuestionarlas o resignificarlas a la luz de la época actual, lo que puede provocar que ideas erróneas o sobredimensionadas están obstaculizando el poder vivir en comunión con sus propias creencias. Asimismo, es importante recordar que la espiritualidad es mucho más que una fe religiosa; es innata al ser humano. Cada quien decidirá cómo vivirla y fortalecerla para que sea una fuente apoyo e inspiración. Muchos refieren que el contacto con la naturaleza y las artes, como la música les ayuda a contactar con su espiritualidad.

9. **Revisitar el pasado para sanar heridas.** Partiendo de la idea de que por un lado no hay relación perfecta y por el otro, existe la necesidad de reconocer y celebrar el legado de la persona fallecida es muy conveniente hacer un trabajo profundamente íntimo de sanar el legado, de manera tan objetiva como sea posible, reconociendo los blanco/obscuros de la relación, para perdonar y perdonarse, si fuera necesario, pero sobre todo para caminar ligero hacia el futuro sabiendo que quien muere sigue formando parte de nuestra biografía sin atarnos al pasado. Cada quien decidirá cómo realiza este trabajo: escribiendo, hablando para sí mismo, caminando en algún lugar que inspire a la introspección o acompañado de alguien con quien se sienta seguridad y deseo de compartir.

10. **Construir el legado.** Una vez sanado el legado será buena idea *construirlo*, haciendo un álbum, collage o una caja donde se guarden aquellos artículos que rememoran momentos importantes de la relación o que recuerdan rasgos

admirados del fallecido y que pueden ayudar para honrar y celebrar el paso de quien ha muerto y muy importante, para que en el caso de niños pequeños, ellos puedan el día de mañana conectar, conocer, reconocer y llenar *las páginas en blanco* que hayan podido quedar en su biografía. Esta es una tarea muy importante de los adultos cercanos. Dedicar tiempo para ayudar a los niños a construir sus legados y estar preparados para apoyarlos en la construcción de sus recuerdos a lo largo cada una de las etapas del desarrollo, a medida que crezcan y vayan teniendo una mejor comprensión de los acontecimientos.

11. **Visitar lugares especiales.** Es posible que sienta resistencia a visitar ciertos sitios porque le recuerdan a la persona fallecida y los cuales solía disfrutar en su compañía como una iglesia, parque, casa o cualquier otro sitio. Hágalo cuando se sienta listo; primero imagine tan vívidamente como le sea posible lo que será llegar nuevamente a ese lugar y si lo requiere, pida a alguien que lo acompañe la primera vez. Si bien es inevitable recordar los momentos pasados y la imposibilidad de volverlos a tener, también es posible una narrativa diferente como por ejemplo, agradecer por todos esos momentos vividos que quedan por siempre en el recuerdo y porque finalmente, al recordar al ser querido es reconocer la importancia de su paso por la vida de cada uno.

12. **Visitar nuevos sitios.** Aventurarse e ir solo al cine, a un museo, teatro, cafetería, sobre todo para aquellas personas que nunca lo han hecho. Darse cuenta de que se puede disfrutar, que son muchos los que lo hacen y que estar con uno mismo puede ser también gratificante.

13. **Emprender nuevas actividades.** Este es el momento para hacer cosas diferentes; tal vez en alguna ocasión pensó en aprender a tocar un instrumento o dibujar o tejer. ¿Porqué no darse la oportunidad ahora que empieza a tener más energía?

14. **Socializar.** Reiniciar sus actividades sociales. Aquellas que solía disfrutar y con las personas a las que quiere. Quizá proponga una reunión para comer o cenar. Hágalo a su ritmo, poco a poco; lo importante es no aislarse demasiado. Somos seres sociales y todos necesitamos de todos; seguramente dentro de su red apoyo están aquellos que son mejores compañeros en estos momentos por prudentes, porque saben escuchar, respetar y acompañar los momentos de silencio o tristeza. Usted decide.

15. **Plantearse nuevos proyectos a corto y mediano plazo.** De manera realista y objetiva puede escribir lo que se propone lograr incluyendo siempre los pasos que tendría que dar con sus respectivos plazos para que su proyecto sea viable y se logre. Si tiene más de un proyecto en mente, mucho mejor. Pero no olvide, sea lo más objetivo posible. Todo conlleva trabajo, esfuerzo y compromiso.

EJEMPLIFICANDO EL PROCESO DE RECONSTRUCCIÓN

Volvamos con Pedro, quien se encuentra trabajando con la culpa y reconociendo que es lo suficientemente humilde para permitirse pedir apoyo a su amigo; ellos han tenido una primera plática y Pedro refiere que Germán, su amigo, le hizo ver que reaccionó conforme a la información que en ese momento su madre le dio telefónicamente y que no hacía pensar en ninguna urgencia y que seguramente de haber actuado con mayor premura tampoco hubiera cambiado el desenlace final. Pedro dice haber sentido cierto alivio, aunque reconoce que debe seguir trabajando en el tema. Asimismo, ha pensado que salir de su ensimismamiento le podría ayudar a sentirse mejor por lo que ha invitado a su esposa y a sus tres hijos a un día da campo para compartir como hace meses no lo hacía porque dice, no tenía energías ni encontraba motivos para disfrutar. Hoy decide hacer el compromiso con él mismo porque sabe que la vida se vive en el presente y empieza a comprender que su madre seguirá acompañándolo en su vida y quiere descubrir la forma de continuar viviendo con plenitud, aunque sabe y entiende que aún le falta camino por andar.

RECUERDE que...

- El proceso de duelo es activo. Lo único que no puede hacer es quedarse de brazos cruzados.
- Cada tarea que decida realizar es un compromiso consigo mismo, con nadie más.
- Cuide su ritmo, no se sobrepase. Nadie se duele de la misma manera.
- El duelo siempre deja un dolor residual, pero el dolor agudo que hoy siente pasará y la cicatriz podrá verla como la marca indeleble que el ser querido y lo que haya descubierto de usted mismo, como la fortaleza o resiliencia, le acompañarán por siempre. El ser humano es capaz de aprender en medio del caos, de resignificar las pérdidas y de honrar y celebrar los legados.
- No todo funciona para todos; busque sus propias estrategias.

CAPITULANDO: Las dinámicas que he propuesto tienen como finalidad guiarlo a través del proceso de duelo con ejercicios encaminados a:

- Identificar, asumir y gestionar de la mejor forma posible sus emociones
- Identificar, desarrollar o fortalecer las herramientas que le benefician en su vida en general, sobre todo, en momentos difíciles
- Reconstruir su pequeño mundo para encontrar un nuevo equilibrio que le dé sentido y propósito, a partir de la aceptación de lo que se ha perdido y de la integración de nuevos elementos, siempre a su ritmo y con sus propias herramientas.

El modelo adaptado para trabajar en casa quedaría esquematizado de la siguiente forma :

> **CADA SEMANA (y durante 5 a 12 semanas), el proceso recomendado quedaría de la siguiente manera:**
> **DÍA 1:** Emociones. Cada quien trabajará con la emoción elegida el resto de la semana.
> **DÍA 2:** Dinámica con herramientas. Cada quien trabajará con lo que le haya tocado y seleccionará un *COMPROMISO* a cumplir durante el resto de la semana.

III A MANERA DE CIERRE

*En la muerte, el hombre no tiene vida pero en cambio es vida.[...]
Sabemos que el haber existido es la forma más segura de ser".*

VIKTOR FRANKL

En la época moderna tratamos de alejarnos del sufrimiento; del propio y del ajeno; intentamos evitar inútilmente todo aquello que nos parece triste, negativo o doloroso. Y lo digo así porque tarde o temprano todo aquello que no hemos reconocido y asumido en su momento produce una sobrecarga ante la cual no podemos seguir fingiendo como si nada hubiera ocurrido. Cada pérdida o cambio importante en nuestra vida merece un tiempo de reconocimiento, validación y elaboración.

El miedo al sufrimiento se encuentra más enraizado que nunca porque vivimos la época de mayores comodidades y bienestar que la humanidad entera haya conocido jamás y esto nos ha hecho fantasear con la posibilidad de la invulnerabilidad y de inmortalidad.

Sin embargo, hoy la pandemia nos sacudió a todos y nos enfrentó con una nueva realidad que ha provocado enormes sufrimientos, pero que también podría llevarnos a vivir más libres y plenos. En la llamada *nueva normalidad* nos toca ahora reconocernos y reconstruirnos, a pesar del temor y la incertidumbre que siempre había formado parte de nuestras vidas, pero ahora al confrontarnos con ella cara a cara nos hizo despertar.

La disyuntiva es clara para mí: ante este reto hemos de optar entre caminar temerosos pensando incesantemente que otro *cisne negro* podría llegar en cualquier momento sin avisar y amenazar de nuevo nuestra integridad o bien, elegir caminar hacia el futuro, confiando en que no importa qué suceda mañana porque hoy podemos decidir vivir la vida con intención y pasión y a pesar de nuestras propias circunstancias sabiendo además, que como seres humanos estamos siempre en potencia, seguimos creciendo si así lo deseamos y lo trabajamos y somos capaces de responder a los avatares de la vida con nuestras propias herramientas, a nuestro aire, con nuestro ritmo y siempre con esperanza e idealmente, haciendo camino para dejar nuestra huella.

APÉNDICE

Cuando alguien se encuentra bajo mucho estrés o un cuadro de ansiedad es común que respire rápida y superficialmente lo que provoca sensaciones desagradables como presión en el pecho, lo que solemos llamar *pellizco de estómago,* temblores en los dedos, boca seca, frecuencia cardíaca aumentada, mareo, lo que a su vez aumenta la ansiedad, dando lugar a un círculo vicioso.

La ansiedad no puede coexistir con una buena respiración. Por ello, resulta fundamental aprender a respirar de forma tal que el mismo sistema nervioso logre una relajación profunda y natural, que brinde tregua a la persona que enfrenta una situación de crisis, como es el caso de quien vive un duelo.

Existen muchas técnicas y ejercicios de relajación y respiración que pueden beneficiar en estas situaciones. Sin embargo, el que se presenta a continuación es muy sencillo de aprender y sobre todo, de poner en práctica en cualquier momento y lugar. Como todo en la vida, la práctica hace al maestro y la rutina hace el hábito, por lo que se recomienda ponerlo en práctica cada día, en diferentes momentos hasta que se logre activar cuando más se necesite; por lo general, en momentos especialmente estresantes.

Solicite ayuda profesional si lo requiere. Recuerde que pedir ayuda profesional no significa que usted esté enfermo o sea débil. La ansiedad se presenta en un amplio espectro y en algunos casos se hace necesario coadyuvar a la persona con algún medicamento, generalmente por periodos cortos.

En el momento en que se vuelva hábito, alrededor de tres o cuatro semanas de practicarlo varias veces cada día, le resultará mucho más fácil utilizarlo en el momento que lo requiera.

RESPIRACIÓN PARA REDUCIR LA ANSIEDAD[5]

(adentro-frío, afuera-caliente)
- Esta técnica estimula el sistema nervioso parasimpático, activando la respuesta de relajación natural del organismo.
- Puede practicarse en cualquier momento y lugar.
- Fije su atención en la respiración, permitiendo que la respiración siga su propio ritmo natural.
- Lleve su atención a la parte posterior de sus fosas nasales, donde la sensación del aire en movimiento es más fuerte y sienta ahí su respiración.
- Note la diferencia entre la temperatura (fría) al inhalar y (caliente) al exhalar. Sienta la diferencia durante algunos minutos.
- Si lo desea, repita en silencio (adentro-frío; afuera, caliente) para profundizar el efecto.
- Continúe así por algunos minutos para que descubra el efecto. La respuesta de relajación le ayudará a que de manera natural de su cuerpo disminuya el estrés y la ansiedad de forma natural.
- Cuando termine, cuente hasta cinco respiraciones profundas, sintiéndose en cada de ellas más más alerta y relajado.

---

[5] Relaxation Techniques, *Anxiety Reduction Breathing*, British Columbia, Victoria Hospice, 2013

BIBLIOGRAFÍA

American Psychiatric Association, Diagnostic and Statistical Manual of Mental Disorders, DSM-V, Washington, 2013

Attig, Thomas, *How we Grieve. Relearning the World*, Nueva York, Oxford University Press, 2011

Doka, Kenneth, J., y Terry L. Martin, *Grieving Beyond Gender: Understanding the Ways Men and Women Mourn*, Nueva York, Routledge, 2010

Janoff-Bulman, Ronnie, *Shattered Assumptions. Towards a new psychology of trauma*, New York, Free Press, 1992

McCann Lisa I. y Pearlman Laurie Ann, (1992) *Constructivist Self-Development Theory: A Theoretical Framework for Assessing and Treating Traumatized College Students, Journal of American College Health, 40:4, 189-196*

Pearlman, Laurie A., Wortman, C.B., Feuer, C.A., Farber, C.H., & Rando, T.A., *Treating Traumatic Bereavement. A Practitioner's Guide*, Nueva York, The Guilford Press, 2014

Real Academia de la Lengua, *Rae,* www.rae.es

Rogers, Carl R., *Client-Centered Therapy: Its Current Practice, Implications, and Theory*, USA, Constable and Robinson, 2003

Stroebe, Margaret S. *et al*, (eds), *Handbook of Bereavement Research and Practice. Advances in Theory and Intervention*, Washington, American Psychological Association (APA), 2008

Stroebe, Margaret S. y Schut Henk, *The Dual Process Model of Coping with Bereavement: Rationale and Description en* Death Studies, vol.23, 1999, pp.197-224

Tarditi, Gina, Artigas, Fernando, *El Duelo. Cómo integrar la pérdida en nuestra biografía, 3era edición*, CDMX, Fontamara, 2016

Tarditi, Gina, *Cartas y Canicas MX. Grupo cerrado para manejo de duelo*, registrado en 2018, (Sin publicar)

Tedeschi Richard G., Park Crystal L. y Calhoun Lawrence G., *Postraumatic Growth. Positive Changes in the Aftermath of Crisis*, New Jersey, Psychology Press, Sussex, 2008

Worden, William J., *Grief Counseling and Grief Therapy. A Handbook for the Mental Health Practitioner*, Nueva York, Springer, 2009

www.ingramcontent.com/pod-product-compliance
Lightning Source LLC
LaVergne TN
LVHW011737060526
838200LV00051B/3215